장애학의 시선

장애학의 시선

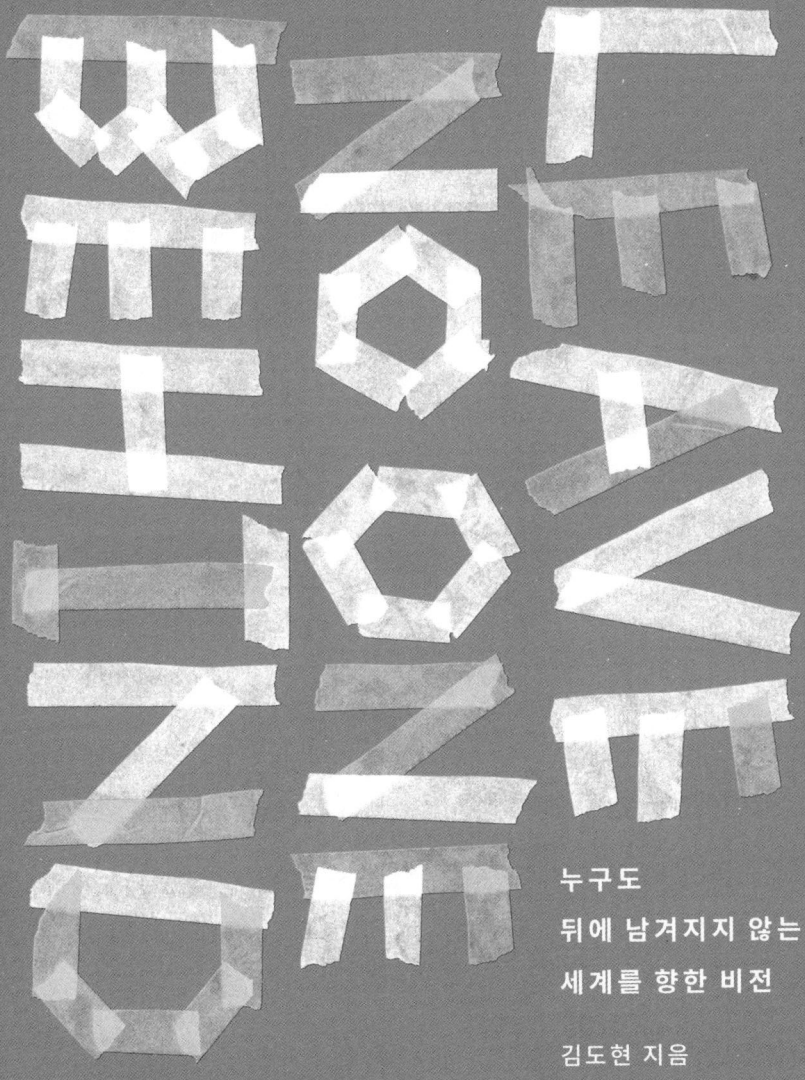

누구도
뒤에 남겨지지 않는
세계를 향한 비전

김도현 지음

오월의봄

책을 내며

1.

　올해 초 개인적인 이유로 금주를 결심하게 되었습니다. 완전한 금주는 곧 깨졌지만 상당한 수준의 절주를 유지하고 있고, 술을 거의 마시게 않게 되면서 새롭게 찾은 오락거리가 동거인의 추천을 받아 OTT에서 예전에 방영된 드라마를 보는 일입니다. 그러다 고양이의 반려인인 드라마 속 주인공의 설명을 통해 알게 된 사실이 하나 있는데요. '새해', '10주년', '30대'와 같은 식으로 시간의 흐름에 의미와 정동을 부여하는 건 인간에게만 유달리 발달한 대뇌 바깥쪽의 신피질 때문이라고 합니다. 고양이는 그런 신피질이 없어서 매일매일이 새로운 하루일 뿐이고, 동일하고 한정된 공간에서 지내도 지루함을 느끼지 않는다는군요.

2025년은 2001년 2월 서울역 지하철 선로를 점거하고 국어사전에도 등재되어 있지 않던 '이동권'을 요구하며 등장한 한국사회의 2세대 장애인운동이 사반세기를 맞은 해이기도 합니다. 2000년 8월, 노들장애인야학의 상근활동가로 시작된 저의 사회운동도 그 시간과 더불어 지금에 이르렀다고 할 수 있는데요. 다만 활동의 내용과 성격은 조금씩 변한 듯합니다. 전반부에는 현장활동가로서의 정체성이 강했다면, 어느 시점부터 주위 사람들에 의해 '연구활동가'로 호명되기 시작했고 스스로도 그런 정체성을 갖게 되었지요. 그런 호칭을 처음 사용할 때는 그저 활동가이면서 연구도 병행하는 사람이라는 정도의 의미였는데, 2017년 노들장애학궁리소를 만들고 나서는 연구를 통해 활동에 기여하는 사람이라는 의미에 가까워진 듯합니다.

얼마 전 노들야학 신입 교사분들을 위한 세미나를 진행하다 한 참여자로부터 '어쩌다 연구활동가가 되었나'라는 질문을 받았습니다. 그 질문에 답하다 보니, 장애인운동 안에서 저의 역할에 대해 자연스럽게 다시 생각해보게 되었는데요. 한 편의 연극 공연이 구성되는 데 가장 중요한 행위자actor는 무대 위에 올라 연기를 하고 퍼포먼스를 펼치는 배우actor라고 할 수 있을 것입니다. 그러나 배우들만으로 연극 무대가 완성될 수는 없겠지요. 우선 배우들과 상호작용할 관객이 있어야 합니다. 또한 공연이 진행될 때 보이지는 않지만, 무대장치를 제작하고, 소품과 의상을 만들고, 그 연극의 내용과 의미를 잘 정리해서 홍보하는 사람도 필요할 것입니다. 연구활동가로서 저의 역할은 이와 비슷한 것이 아닐까 생각해보게 됩니다. 즉 이 책은 장애인운동 현장활동가들(배우)을 위해 제작한 도구이자 소품인 동시에, 그들의 활동에 응답하고 상호작용해줄 여러분들(관객)을 위해 쓴 전단지와 같은 것이기도 합니다.

2.

이 책은 2019년 말 《장애학의 도전》 출간 이후 지난 6년간 이런저런 기회가 주어져 쓰게 된 원고들, 그리고 현장의 요구에 따라 새로운 주제로 강의를 하면서 작성한 강의안들 중 대중적으로 함께 소통하고 싶은 내용을 선별해 다듬고 보완한 것입니다. 우선 1장 〈단상들〉에는 코로나19 팬데믹 시기에 《경향신문》에 연재했던 칼럼 중 지금 읽어도 의미가 있다고 판단되는 글 10여 편을 추려 담았습니다. 어떤 글은 이후 장들에서 본격적으로 다뤄질 내용에 대한 도입부의 역할을 해주며, 또 어떤 글은 장애 문제와 교차적으로 연결되는 보다 폭넓은 사회 이슈에 대한 장애학의 응답이라고 할 수 있을 것 같습니다.

2장부터 8장까지의 글에서는 책의 제목처럼 '장애학의 시선'으로 세상을 본다는 것이 무엇일 수 있는지를 다양한 의제와 담론에 대한 실천적 개입을 통해 펼쳐 보이고자 했습니다. 장애학에서 가장 논쟁적 주제 중 하나인 '손상과 장애'의 관계를 여성학의 '섹스와 젠더' 담론에 연결시켜 고찰하고(2장), 한국사회의 일상화된 재난 및 참사 속에서 새롭게 부상한 '안전할 권리'를 장애학의 시좌에서 사유함으로써 새로운 통찰을 이끌어내며(3장), 지금까지 기후위기 담론과 정책에서 장애가 얼마나 배제되어 있었는지를 다양한 사례와 논의를 통해 드러내면서 '참여적 정의'의 필요성을 역설합니다(8장). 또한 장애사disability history에 대한 접근법을 푸코적 노선과 아감벤적 노선으로 대별해 설명하면서 이를 바탕으로 미국 장애사를 비판적으로 읽어내고(4장), 한국 장애해방운동의 역사를 대중투쟁의 관점에서 개괄한 후 향후 과제를 도출해내며(5장), 윤석열 정부의 핵심 장애 정책인 '개인예산제'에 대한 비판적 분석을 시도하는 것과 함께 정치의 신자유주의화에 대해서도 논합니다(6장).

각각 독립적인 장들로 구성되어 있는 책이지만, 읽어나가다 보면 그 내용들이 서로 연결되면서 점차 명확해지는 지점들이 있을 것입니다. 노동해방의 문제를 기본소득과 공공시민노동 의제를 경유해 다루는 7장이 잘 보여주듯, 장애는 인간 일반의 문제에 부차적으로 덧붙여 다룰 수 있는 영역이 아니라는 것, 인간사회의 모순과 차별을 온전히 해명하는 데 하나의 열쇠가 된다는 것, 그리고 '모두가 해방되지 않으면, 아무도 해방될 수 없다'는 것 말입니다. 저는 장애학이 새로운 체제로의 전환을 위한 일정한 비전과 윤리를 담지하고 있다고 믿는데요. 장애학이 추구하는 건 장애인을 위한 세상이 아니라, 누구도 뒤에 남겨지지 않는 해방의 공동체이기 때문이지요. 이 책을 통해 그 같은 비전과 윤리가 좀 더 많은 이들과 공유되고 또 토론될 수 있기를 기대해봅니다.

3.

길을 종종 잃습니다. 방향 감각이 떨어지는 편이고, 쉽게 말하자면 '길치'에 가깝지요. 운전을 배우지 않은 가장 큰 이유는 아니지만, 여러 이유들 중 하나이긴 합니다. 스마트폰을 남들보다 뒤늦게 장만하고 나서 가장 요긴했던 건 지도앱의 '길찾기' 기능이었습니다. 이 책에 들어갈 글들을 선정하고 새롭게 쓰는 작업을 시작했던 2024년, 저는 사람들 사이에서 살짝 길을 잃은 느낌이었고 개인적으로 조금 힘든 시간을 통과하고 있었는데요. 그 와중에 70년대생 1인출판사 대표들로 구성된 '출판하는 언니들'을 소개하는 신문 기사에서 접한 "중요한 건, 꺾이지 않는 마음이 아니라 꺾였어도 그냥 하는 마음"이라는 말이 무척 인상적으로 와닿았습니다. 이제 예전처럼 의욕적으로 힘차게 뛰지는 못할 것 같지만, 느리게라도 꾸준히 걸으면서 할 수 있는 일을, 장애학의 시선에서 세상을 읽어내고 현장활동가들 및 독자 여러분들과 소통하는 작업을 힘닿는 데까지 해보려고 합니다.

늘 그랬듯 이번 책도 일일이 다 언급할 수 없을 만큼 많은 이들의 도움과 노동에 힘입어 세상에 나올 수 있었습니다. "장애인도 시민으로 이동하는 시대로"라는 슬로건 속에서 시작된 출근길 지하철 행동이 2025년 8월 21일로 900일을 맞았고, '한국판 T-4 철폐'를 위한 여의도 농성은 1620일이 되었는데요. 오늘도 그 현장을 지키고 있는 전국장애인차별철폐연대의 활동가 모두가 이 책의 주인공이자 또 다른 저자들이라고 생각합니다. 장애학과 장애인운동 관련 책들을 적극적으로 기획해 출간하고 있는 오월의봄 출판사와 《장애학의 도전》에 이어 《장애학의 시선》 역시 편집을 맡아 수고해준 임세현씨에게도 감사의 말씀을 전합니다. 그리고 인권운동과 기후정의운동의 현장에서 고군분투하다 올해 안식년을 보내고 있는 인권운동사랑방의 L에게도 동료이자 연인으로서 너무나 많은 에너지와 힘을 받았습니다. 우리가 꿈꾸는 '연립聯立'과 '공생'의 세계를 포기하지 않고 함께 움직여가는 데, 이 책이 작은 쓰임새가 있기를 바랍니다.

차례

책을 내며 • 5

1장 장애학의 시선: 단상들　　　*17*

시선의 시선 | 장애인이 있다 | 코호트 격리와 '이미' |
사랑과 편견 | 당사자와 당파성, 그리고 관계론 | 가짜 정당의
진짜 정치 | 당장 차별금지법 제정하라 | '공정성'을 어찌할
것인가 | 장애와 질병이라는 '범주' | 변형과 변혁, 그리고
기후위기 | 죽어서도 여기 머무는 자

2장 '섹스와 젠더' 담론을 통한
　　'손상과 장애'의 재성찰　　*49*

젠더와 장애, 모호하고 혼란스러운 개념 | 사회적 모델의
손상 및 장애에 대한 설명과 비판 지점 | 섹스와 손상에 대한
하나의 잠정적 이해 방식

3장 차별, 장애화, 불안전의 정치: 안전할 권리에 대한 관계론적 성찰   *67*

참사에 노출된 삶/생명, 장애인 | 문제는 위험이 아니라, 위험에 대처할 수 없는 무능력 | 사회구성원의 안전을 위협하는 존재로서의 장애인 | 국가를 어떻게 바라볼 것인가 | 'No one left behind'와 'Leave no one behind'

4장 장애학, 장애사, 《장애의 역사》   *91*

장애사 분야에 대한 기본적 이해 | 북아메리카 토착민 사회에서의 장애 | 비장애중심주의와 능력주의 | 에이블리즘에 맞선 저항의 교차성 | 노동권과 탈시설, 장애해방을 향한 미완의 과제

5장 장애해방운동의 역사와 향후 과제   *115*

해방운동으로서의 장애인운동 | 제1기: 노동권 중심의 변혁적 장애인운동의 구축과 단절 | 제2기: 기본권 중심의 전투적 자립생활운동과 부모운동의 성장 | 제3기: 개별적 권리를 넘어선 시스템 전환을 위한 투쟁 | 향후 과제: 시설사회의 철폐와 만인을 위한 노동사회의 구축

6장 장애인 개인예산제, 무익하거나 혹은 나쁘거나 *139*

논의를 위해 확인해두어야 할 것 | 장애인 개인예산제의
무익함과 해로움 | 스웨덴이 개인예산제를 하고 있다? |
대안은 '서비스별 자기주도 사정'에 기반한 장애인권리예산제 |
정치의 신자유주의화와 장애인 개인예산제

**7장 노동해방의 '잠정적 유토피아',
기본소득인가 공공시민노동인가?** *159*

언네서세리아트의 시대, 인간의 노동 | 노동을 어떻게
바라볼 것인가 | 노동의 이중적 성격과 노동해방으로의
두 가지 길 | 공공시민노동의 문제의식과 기본적 내용 |
기본소득 vs 공공시민노동

8장 기후위기와 장애 *193*

온난화의 시대는 끝났다 | 기후위기 최일선 당사자로서의
장애인 | 국제 인권 규범에서의 장애와 기후정의 |
기후행동과 기후정책에서의 참여적 (부)정의 | 정의로운
전환과 공공시민노동

미주 • 221
찾아보기 • 232

일러두기

· 본문 내용과 관련한 상세 설명은 면주에, 인용된 문헌의 서지사항은 미주에 기재했다.
· 유엔 기구 관련 문서 인용은 'United Nations Official Document System'
  (https://documents.un.org)에 등재되어 있는 영문 파일의 쪽수를 따랐다.
· 인용문에 삽입되어 있는 [ ]는 내용의 이해를 돕기 위해 필자(인용자)가 추가한 것이다.

1장

장애학의 시선

단상들

시선의 시선

필자가 활동하고 있는 노들장애학궁리소는 노들장애인야학(약칭 노들야학) 부설 기관으로 2017년 만들어졌다. 1997년부터 2020년까지 노들야학의 교장을 지냈던 박경석 선생님은 전국장애인차별철폐연대(약칭 전장연) 상임공동대표이기도 해서 장애인권 관련 집회에 발언자로 자주 나서는데, 발언에 더해 종종 노래 솜씨를 뽐낸 후 내려오곤 한다. 그가 즐겨 불렀던 민중그룹 젠ZEN의 노래 〈공간이동〉 중에는 다음과 같은 랩으로 된 소절이 있다. '랩하는 장애인 할아버지'라는 제목의 동영상이 유튜브에서 제법 화제가 되기도 했다.

내 모습 지옥 같은 세상에 갇혀버린 내 모습, 그 모순! 자유,

평등, 지키지도 않을 거짓 약속 흥~ 닥치라고 그래. 언제나 우린 소외받아왔고 방구석의 폐기물로 살고 있고. 그딴 식으로 쳐다보는 차별의 시선, 위선 속에 동정받는 병신인 줄 아나?

'시선'이라는 단어에 대해 생각해본다. 장애인은 여성, 성소수자, 이주민, 홈리스 등 다른 소수자들과 마찬가지로 타인의 시선을 많이 받는 존재다. 어떤 시선일까? 위 가사에 나오는 것처럼 차별의 시선이고 동정의 시선이다. 시선이라는 단어는 '자선을 베풂'이라는 뜻도 지니고 있기에, 약간의 언어유희를 부리자면 '시선施善의 시선視線'을 받는다. 그리고 그것은 혐오의 다른 이름이기도 하다.

동정과 연민은 흔히 혐오와 반대되는 감정으로 여겨지지만 오히려 동전의 양면에 가깝다. 시선을 타인이 아닌 스스로에게 돌려보면 이 점을 쉽게 깨달을 수 있다. 내가 자기연민에 빠져 있을 때 자기혐오에 빠질 가능성이 높고, 자기혐오에 빠져 있을 때 자기연민에 빠질 가능성 역시 높다. 양자는 매우 쉽게 전환될 수 있는 감정인 것이다. 또한 동정은 혐오라고 인식되지 않기에, 선의로 포장되어 있기에 더욱 공고하고 깨뜨리기 어려운 것이기도 하다.

2001년 이동권 투쟁을 시작으로 한국사회의 장애인운

동은 지난 25년간 치열하고 끈질긴 투쟁을 벌여왔고, 적지 않은 변화도 일구어냈다. 그러나 장애인을 향한 이 사회의 시선이 근본적으로 바뀌었는가에 대해서는 여전히 물음표를 달 수밖에 없다. 특히 정권을 틀어쥔 권력자들의 시선 말이다. 장애인들은 자신의 인간다운 삶에 필요한 것들을 정당한 권리로 요구하며 싸워왔지만, 권력을 가진 자들은 여전히 그것을 일종의 배려와 시선施善으로 여긴다.

이집트 나세르 정권의 유대인 박해를 피해 프랑스로 이주했던 시인 에드몽 자베스는 다음과 같이 썼다. "이방인은 어떤 사람이에요? 이방인은 당신이 고향에 살고 있다는 것을 확실하게 느끼게 해주는 사람입니다."《시선의 폭력》저자 시몬느 코르프 소스는 그 말을 다시 다음과 같이 바꾸어 쓴다. "장애인은 어떤 사람이에요? 장애인은 당신이 비장애인이라는 것을 확실하게 느끼게 해주는 사람입니다."[1] 자베스의 시 속에서 '고향'이란, 무엇보다도 차별과 동정과 혐오의 시선을 느끼지 않고 살아갈 수 있는 삶의 장소다. 장애인은 장애인이기 때문에 차별받는 것이 아니라, 차별받기 때문에 장애인이 된다.[2] 장애인에게 아직 고향은 없다.

장애인이 있다

2020년 초 《철학, 장애를 논하다》[3]라는 번역서를 냈는데, 얼마 후 한 인터넷 매체에 이 책에 대한 긴 서평이 올라왔다. 제목은 〈'장애'라는 유령이 나타났다〉.[4] 강렬하고도 적절한 제목이라 생각했다. 철학의 영역에서 장애는 실제로 유령처럼 취급되어왔으니. 그리고 다시 문득, 2018년 말 당시 더불어민주당 대표였던 이해찬씨가 전국장애인위원회 출범 행사에서 장애인 비하 발언을 했던 일이 떠올랐다. 그는 장애인들을 앞에 두고 "정치권에 …… 정신장애인들이 많이 있다", "신체장애인보다 더 한심한 사람들"이라는 혐오 발언을 쏟아냈다. 그 자리에 있던 수많은 장애인들은 그에게 존재하지만 존재하지 않는 유령이나 다름없었다.

그는 2020년 1월에도 "선천적 장애인은 의지가 약하다"는 황당한 장애인 비하 발언을 했고, 이를 비판한답시고 제1야당은 "삐뚤어진 마음과 그릇된 생각을 가진 사람이야말로 장애인"이라는 혐오 발언으로 맞받았다. 장애계 안팎에서 많은 비판이 이어졌고, 전장연은 '정치인의 장애인 차별·혐오·비하 발언 퇴치 서명운동'에 나섰다. 필자 역시 정치인들의 반복되는 장애인 혐오 발언에 몹시 분노했고, SNS에서 서명운동을 독려했다. 그러나 이내 다소간 복잡한 심경에 빠질 수밖에 없었는데, 이 운동에 기꺼이 동참해주었을 이들의 SNS 글에서도 장애 비하 표현들을 계속해서 접해야 했기 때문이다.

한 노동운동 단체는 변희수 하사 강제 전역과 관련해 〈성소수자는 심신장애 3급? 그런 사회야말로 심신장애〉라는 제목의 논평을 발표했다가 이후 제목을 바꾸고 사과 공지를 냈다. 어떤 이는 정치권을 비판하는 글에서 "지랄 발광"이라는 용어를 여러 차례 반복했고, "돌았냐?"라는 표현을 사용하기도 했다. 정신장애인 혐오다. 그 당시 논란이 된 한 문학상을 비판하는 글에서는 "기형적 운영"이라는 표현이 쓰였는데, 이 역시 신체적 장애인에게는 비하적 표현이 될 수 있다. 나 또한 한 글에서 "일정한 관점을 갖는다는 것은 필연적으로 어떤 맹점을 갖는 것이다"라는 문장을 무심코 쓰고 나서, 퇴고할 때 고친 경험이 있다. 그것이 시각장애(맹들)에 대한 비하일 수 있기 때문이다.

장애인에 대한 혐오 표현이 반복되는 건 여성혐오 misogyny 와 마찬가지로 장애혐오가 단지 어떤 개인의 태도의 문제가 아니며, 사회문화적으로 '구조화'되어 있기 때문이다. 장애로 범주화된 대부분의 특성들 자체가 가치절하되어 있고, 우리가 쓰는 익숙한 표현(숙어) 속에 장애 관련 용어들이 내재해 있으며, 어릴 때 자연스레 익힌 욕들 중 많은 것이 장애와 결부되어 있다. 그러니 나쁜 의도가 없었다 하더라도 장애혐오 표현을 완벽히 피하기란 매우 어려운 일일지 모른다.

하지만 가급적 '선량한 차별주의자'가 되지 않을 수 있는 방법이 한 가지 있으니, 그건 장애인들의 존재를 감각感覺하는 것이다. 그들이 유령이 아니라 내 곁에서 숨 쉬며 함께 살아가는 시민이며, 따라서 지금 내가 쓰는 글을 읽는 사람들 중 당연히 '장애인이 있다'는 점을 말이다. 장애인을 비하하는 표현이 장애인을 차별하는 구조를 만들었다기보다는 그 역이 사실에 더 가깝겠지만, 그런 표현이 거리낌 없이 통용되는 사회에서 장애 차별의 구조를 변혁하기 위한 시도가 확장될 리 만무하기도 하니까.

코호트 격리와 '이미'

필자는 2015년부터 2020년까지 국가생명윤리정책원이 운영하는 공용기관생명윤리위원회에 심의 위원으로 참여했다. 가까스로 대학을 졸업하고 줄곧 사회운동만 해왔던 나는 '코호트'라는 학술 용어를 이 회의에서 처음 접했고, 그 뜻을 잘 몰라 티 안 나게 스마트폰으로 검색해보았던 기억이 있다. 코로나19 팬데믹 사태를 거치며 코호트는 전 국민에게 익숙한 단어가 되었다. '코호트 격리'라는 말이 널리 확산됐기 때문이다.

코호트 격리라는 표현을 처음 들었을 때, 나는 이 말이 뭔가 좀 이상하다고 생각했다. 적어도 그 대상이 되고 있는 어떤 사람들에 대해서는 말이다. 코호트는 공통적인 특성이나 경험을 지닌 인구 집단을 말하고, 격리는 지역사회로부터 차단됨을 의미한다. 그렇다면 짧게는 몇 년에서 길게는 수십 년까지 지역사회와 단절된 삶을 강제당했던 정신장애인과 중증장애인들은 사실 '이미' 코호트 격리 상태에 있었던 셈이다. 이미 격리되어 있던 이들을 동일한 장소에서 다시 격리한다는 것이, 마치 '두 번 죽인다'는 말처럼 한편으로는 모순되고 또 한편으로는 무참하게 들렸다. 첫 코호트 격리는 모두가 알다시피 청도대남병원의 정신병동에서 이루어졌고, 그런 조치 속에서 7명의 사망자가 발생했다. 그들은 실제로 사회적 존재로서 한 번 죽임을 당하고, 다시 생물학적 존재로서 두 번 죽임을 당했다. 그러고서야 그 격리에서 해제될 수 있었다.

코로나19 사태가 장기화되면서, 2020년 3월 경기도, 대구광역시, 경상북도 등 여러 지방자치단체가 사회복지시설에 대한 소위 '예방적 코호트 격리'를 실시했다. 이런 조치가 합당하고 실효성이 있는 것인지 제대로 검토조차 하지 않은 채로 말이다. 비판적 입장을 공식적으로 표명한 단체들도 있었는데, 그중 한 곳이 한국사회복지사협회였다. 그 협회는 3월 10일 〈사회복지시설의 예방적 코호트 지정 전국적 확대를 반대한다〉는 제목의 입장문을 발표했다. 지자체 홈페이지의 민원 게시판과 사회복지사들의 인터넷 커뮤니티에는 '비좁은 공간에 뒤엉켜 쪽잠을 자고', '집에도 못 가고', '제시간에 씻지도 못하고', '똑같은 밥을 먹고'와 같은 내용의 원성과 호소가 이어졌다. 길게는 아니지만 8개월의 감옥살이를 해본 나는 그들의 고통을 어느 정도 이해할 수 있을 것 같았다. 그런데, 그런데 말이다. 그건 또한 시설에 수용된 장애인들이 '이미' 경험해왔던 삶이기도 했다. 탈시설한 장애인들이 그 안에서의 삶을 몸서리치며 들려줄 때, 나는 그 짧은 감옥살이 덕분에 고개를 끄덕일 수 있었다.

많은 이들이 코로나19 사태는 단순히 의료적 차원의 문제가 아님을, 우리 사회가 기존에 지니고 있던 문제들이 불거져 나오고 있는 것임을 이야기했다. 또한 그렇게 '이미' 존재해왔던 문제들을 반드시 검토하고 해결해나가는 과정을 밟아야 함을 성찰했다. 그중 우선순위에 놓여야 할 한 가지가 탈시설임은 두말할 필요도 없을 것이다. 대한민국은 문재인 정부 시절 '이미' 시설 돌봄 institutional care이 아닌 지역사회 통합돌봄 community care이 복지 개혁의 중심축이 되어야 함을 천명하지 않았던가. 아무런 제도적 뒷받침도 이뤄지고 있지 않을 뿐. 그리고 보니 '시설'을 뜻하는 영어 단어 'institution'은 또한 '제도'를 뜻하기도 한다. 시설에서 격리된 삶을 살아야 했던 건, 제도의 문제이지 장애인들의 문제가 결코 아니라는 말이다.

사랑과 편견

2020년 봄, 난생처음 한 단행본에 추천사라는 걸 쓰게 되었다. 폴리아모리스트 홍승은씨가 자신의 두 연인과 함께 살아가는 이야기를 담은 에세이집 《두 명의 애인과 삽니다》에 말이다. 처음 추천사를 요청받고 나서 몇몇 지인에게 이 이야기를 전하자, 그들은 대체로 다음과 같은 반응을 보였다. "네가 폴리아모리에 대해 뭘 안다고 그에 관한 책에 추천사를 써?" 맞다. 나는 모노아모리적 연애 관계를 맺고 있고, 폴리아모리는 나에게 다소 낯선 무엇이다. 그렇다면 낯설고 잘 알지 못하는 것을 대하게 될 때 우리가 취해야 할 기본적 자세는 무엇일까? 존중하고, 경청하며, 알고자 하는 태도가 필요하지 않을까? 그런 마음으로 원고를 읽고 추천사를 썼다.

독점적 이성애 중심의 사회에서 살아온 사람들 대다수

는 폴리아모리에 대해 어떤 '편견'을 지니고 있을 수 있다. 편견을 뜻하는 영어 단어 'prejudice'가 일종의 '사전pre- 판단judgement' 내지 '선험적 판단'을 의미한다면, 이런 의미에서 폴리아모리에 대한 모노아모리스트들의 편견에는 불가피한 측면도 있을 것이다. 직간접적으로 경험하지 못한 것에 대해서도 판단을 내려야 하는 순간이 존재하니까. 따라서 중요한 건 어쩌면 편견 그 자체가 아니라, 자신에게 편견이 존재할 수 있음을 아는 것, 그리고 소통과 배움을 통해 그런 편견을 끊임없이 수정하고 변화시켜가려는 태도일 것이다.

2020년 4·15 총선 당시 한 지역구 후보자들의 토론회에서 우리는 불행히도 다음과 같은 질문을 다시 마주해야 했다. "동성애에 대한 의견은 어떻습니까? 저는 반대합니다." 또한 홍승은씨는 어떤 이로부터 "자신은 폴리아모리를 안 좋게 생각하고, 그건 존중이 아니라 옳고 그름의 문제"라는 이야기를 들었다고 한다.[5] 그러나 이런 말들은 난센스인데, 그건 기본적으로 '좋음the good'의 문제를 '옳음the right'의 문제와 뒤섞어버렸기 때문이다. 좋음은 자아실현과 관련되기에 다양성의 추구를 특징으로 하지만, 옳음은 사회정의와 관련되기에 보편성의 추구를 특징으로 한다. 사랑은 당연히 좋음과 다양성의 영역에 속하는 문제다. 따라서 누군가에게 더 좋은 사랑은 있을 수 있지만, 자신에게 좋은 사랑을 타인에게 강요하거나 타인에게 좋은 사랑을 반대할 권한은 없다. 우리는 흔히 맑은 날 날씨가 '좋다'고 말하며, 누군가는 실제로 맑은 날을 좋아할 수 있다. 그러나 내가 흐린 날이나 비 오는 날을 좋아한들 누가 뭐랄 것인가?

한때 '사랑을 책으로 배웠다'는 말이 일종의 조롱처럼 회자되던 적이 있었다. 이런 조롱 속에는 사랑이란 굳이 배우지 않아도 본능에 따라 자연스럽게 이루어지는 것이라는 전제가 깔려 있다. 사랑을 '굳이' 배우지 않아도 된다는 게 사실일지는 모르지만 '배우지' 않고도 사랑을 하는 사람은 없다. 굳이 배우지 않을 때, 우리는 사회화의 과정을 통해 기존의 관습적 사랑과 행태—대부분 독점적 소유욕에 기반해 있으며 때로는 폭력적인—를 자연스러운 것으로 배우게 되기 때문이다. 따라서 사랑은 책으로만 배울 수 있는 게 아니겠지만 책으로도 배워야 한다. 그것은 감정일 뿐만 아니라 또한 관계이므로. 홍승은의 책은 무엇보다 '비판적 성찰과 노력'이 수반된 아모르(사랑)에 관한 이야기이다. 읽고 나면, 우리는 이전보다 좀 더 나은 사랑의 관계를 맺을 수 있는 힘을 얻게 될 것이다.

당사자와 당파성, 그리고 관계론

2020년 가을, 서울문화재단이 주최한 '같이 잇는 가치'라는 행사의 오픈 포럼에 참석한 적이 있다. 이 행사는 장애와 비장애의 공존을 위한 문화예술 프로젝트를 표방했고, 포럼의 주요 문제의식은 장애인뿐 아니라 장애인과 관계 맺는 우리 모두가 당사자임을 인식하자는 것이었다. '당사자'는 국어사전에 "어떤 일이나 사건에 직접 관계가 있거나 관계한 사람"이라고 정의되어 있다. 영어에서 당사자를 뜻하는 단어는 'party'이며, 흔히 'parties concerned'나 'parties involved'와 같이 표현된다. 즉 우리가 장애를 생물학적 손상으로 환원하지 않고 하나의 사회 현상으로 이해한다면, 장애 당사자란 장애라는 현상과 '관련되어 있는' 이들을 말한다. 그리고 우리 모두가 당사자라는 것은 장애가 개인적 문제가 아니라 공동체 구성원 모두가 '연루되어 있는' 사회적 문제라는 의미가 된다. 일본의 사회운동에서는 이런 맥락에서 당사자의 의미를 갱신하고 표현하기 위해 '공사자共事者'라는 용어를 쓰기도 한다.*

---

* 사이토 고헤이, 〈제3장 우리는 모두 당사자〉, 《나는 넘어지고, 싸우고, 울었다》, 조승미 옮김, 오월의봄, 2025. '공사자'는 2011년 원전 사고가 난 후쿠시마현의 이와키시를 거점으로 지역 활동을 하는 작가 고마쓰 리켄

나는 본질론이 아닌 관계론에 입각한 이런 이해와 입장에 적극 동의한다. '손상은 손상일 뿐이다. 특정한 관계 속에서만 손상은 장애가 된다'는 장애학의 기본 관점 또한 관계론을 핵심으로 한다. 그러나 포럼에서는 오히려 '우리 모두가 당사자다'라는 명제가 지닐 수 있는 모종의 위험성 또한 충분히 인식해야 함을 이야기했다. 하나의 명제가 지닌 진리값 내지 효과성은 해당 명제 자체에 내재하지 않으며, 그 명제가 어떤 맥락과 관계 속에서 누구를 통해 제시되는가에 달려 있기 때문이다. 요컨대 우리는 명제에 대해서도 본질론이 아닌 관계론적 입장을 취해야 하는 것이다.

예컨대 '모두의 목숨은 소중하다 All Lives Matter'라는 명제는 사실 그 자체로는 충분히 지지할 만한 것일 수 있다. 강자도 약자도, 인간도 비인간도, 동물도 식물도 모든 생명은 소중하므로. 이 명제는 어떤 약자나 소수자의 생명이 비하되고 짓밟히는 현실에 맞서는 구호가 될 수도 있을 것이다. 하지만 '흑인의 목숨도 소중하다 Black Lives Matter'는 목소리에 대응하는 맥락에서 출현했을 때, 그것은 하나의 끔찍한 폭력이 되고 만다. '페미니즘은 휴머니즘이 아니다'라는 명제 역시 인간이 곧 남성으로 상정돼왔던 역사적 현실에 대한 비판과 더불어,

---

이 처음 사용한 말이다.

인간중심주의를 넘어선 생태주의적 세계를 지향하는 급진적 선언이 될 수 있다. 그러나 2020년 초 숙명여대 트렌스젠더 입학 반대 사태에서 드러났듯, 그 명제가 특정한 맥락에서, 이른바 터프Trans-Exclusionary Radical Feminist, TERF(트랜스젠더를 배제하는 래디컬 페미니스트)에 의해 전유될 때에는 또 다른 소수자를 배제하는 편협하고도 이기주의적인 폭력의 언어가 된다.

따라서 '우리 모두가 당사자다'라는 명제도 정치적 진정성을 갖기 위해서는 일정한 조건이나 단서가 필요할 것이다. 나는 그것이 다름 아닌 당파성partisanship이라고 생각한다. 당사자와 더불어 당파를 뜻하는 'party'라는 단어가 이미 당파성을 함축하고 있기도 하다. 그러나 중요한 건 이때의 당파성 또한 고정적이고 본질적인 것이 아니라 관계론적인 것으로 이해되어야만 한다는 점이다. 억압받는 이들과 사회운동이 추구하는 당파성의 기본 윤리가 바로 피억압자의 편에 서는 것이라 했을 때, 억압자와 피억압자, 다수자와 소수자의 위치성 역시 맥락과 상황에 따라 달라지기 때문이다. 어쩌면 지금 우리 사회에 절실히 요청되는 것 중 하나가 바로 환원주의적·본질주의적 진영론을 넘어선 관계론에 입각한 당파성 아니겠는가.

가짜 정당의 진짜 정치

　탈시설장애인당. 2021년 서울시장 보궐선거를 앞두고 장애인운동 진영에서 창당했던 정당의 이름이다.* "장애인 의제를 알려내고 쟁취하기 위해 투쟁하는 전국장애인차별철폐연대의 위성 정당"이자, "본 선거 시작 전에 산화할 가짜 정당"이라고 홈페이지에 당의 성격을 밝혀놓았던 바 있다. 탈시설 권리, 장애인 포괄적 재난 지원, 권리중심 중증장애인 맞춤형 공공일자리, 이동권, 교육권, 자립생활, 의사소통, 문화예술, 발달장애인, 장애 여성, 건강권 등 11개 영역의 정책요구안을 내걸고, 각 요구안을 대표하는 11명의 장애인 후보들이 다양한 캠페인과 거리 유세를 벌였다.

　그런데 이 당은 그해 2월 19일 서울시선거관리위원회로부터 한 통의 공문을 받게 된다. 정당으로 등록하지 않았음에도 '당'이라는 명칭을 쓰고 관련 활동을 하는 건 정당법과 공직선거법 위반이니 캠페인을 중단하라는 것이 요지였다. 활동을 계속 이어가면 2년 이하의 징역 또는 400만 원 이하의

---

* 　탈시설장애인당은 2023년 11월 30일 재창당하여 2024년 제22대 국회의원선거 시기와 2025년 제21대 대통령선거 시기에도 다양한 활동을 전개했으며, 이 기간에 제시한 정책요구안과 주요 활동 내용은 홈페이지(https://drparty.or.kr)에서 확인할 수 있다.

벌금에 처해질 수 있다는 경고도 잊지 않았다. 이에 대해 탈시설장애인당은 공식 선거 전 자진 해산할 가짜 정당임을 매번 적시했음에도 선관위가 과도한 해석과 왜곡을 하고 있다며, "그런 식이면 식당도, 성당도, 불한당도, 서당도 정당이냐"고 유쾌하게 맞받아쳤다.

탈시설장애인당 당원이었던 나는 그 일을 겪으며, 2020년 총선에서 많은 국민들을 허탈하게 만들었던 또 하나의 위성 정당 사태를 떠올리지 않을 수 없었다. 이 나라의 양대 기득권 정당이 비례대표용 위성 정당을 창당해, 이미 누더기가 되어버린 준연동형 비례대표제를 사실상 무력화했던 일을 말이다.

양쪽 위성 정당에는 공통점과 차이점이 있다. 공통점은 양쪽 모두 본질적으로 가짜 정당이라는 것이다. 차이점은 한쪽은 가짜임에도 진짜라고 우겨서 부당한 활동을 인정받았고, 다른 한쪽은 가짜라고 선언했음에도 정당한 목소리가 탄압받았다는 것이다. 또 다른 차이점은 전자의 경우 진짜 정당으로 인정받았지만 가짜 정치를 했고, 후자의 경우 비록 가짜 정당임을 공공연히 밝히고 있지만 진짜 정치를 했다는 점일 것이다.

자크 랑시에르는 우리가 통상 정치라고 부르는 것이 기존의 나눔 질서와 기득권의 재생산을 보장하기 위한 치안에 불과하다고 지적한 바 있다. 진짜 정치란 바로 그 치안의 체제를 교란시키고 해체하는 일이다. 보이지 않았던 것을 보이게 하고, 들리지 않았던 목소리를 들리게 하며, 기존의 판을 뒤엎고 재구성하는 일이 진정한 정치인 것이다.

장애학에서 쓰이는 조어 중 '싯포인트sitpoint'라는 것이 있다.[6] '서 있는' 지점을 뜻하는 '스탠드포인트standpoint'와의 대비 속에서, 휠체어에 '앉아 있는' 존재의 상이한 관점을 부각시키려는 의도를 지닌 용어다. 또한 이 용어는 높은 곳에 서서 군림하는 위로부터의 정치가 아닌, 낮은 곳에 있는 이들의 눈높이에서 출발하는 아래로부터의 정치를 함축하기도 한다. 이처럼 낮은 이들의 목소리가 울려 퍼지게 하는 정치, '몫 없는 이들의 몫'을 창조하는 정치, 진짜 정치를 만들어나가고 있는 탈시설장애인당의 당원임이 필자는 무척이나 자랑스럽다.

당장 차별금지법 제정하라

고등학교를 졸업하고 이런저런 사정으로 집에서 독립을 해야 했다. 교사가 꿈이었지만 우선 돈부터 모아야 했고, 처음 뛰어든 직업 전선이 술집 주방 일이었다. IMF 외환위기

사태가 터지기 전이라 요식업계 경기가 나쁘지 않았다. 보수도 제법 됐고, 당시에는 숙식을 제공하는 술집이 많았기에 주거 문제를 해결할 수 있는 방편이기도 했다. 종로3가 피맛골에 위치한 호프집에서 3년간 일했다. 한동안 숙소 생활을 하다 동료 둘과 월세방을 얻어 살게 되었는데, 그중 한 명이 게이였다. 나의 첫 번째 퀴어 친구였다. 정확히는 퀴어임을 나에게 밝힌 첫 번째 친구.

우리나라 퀴어 문화의 중심지라는 지리적 조건 때문이었을까. 40여 명의 노동자가 일했던 그 호프집에는 성소수자가 꽤 들고 났다. 들어올 때 누구도 몰라야 했고, 사장에게 알려지면 잘렸다. 이제 와 생각해본다. 그들은 왜 무고하게 해고당하면서 아무 항변도 할 수 없어야 했나. 아니, 그 이전에 나는 왜 스무 살이 넘어서야 처음 퀴어 친구를 만나게 되었나. 그러고 보니 뒤늦게 대학에 진학하기 전까지는 장애인 친구도 없었다.

2021년 3월 변희수 하사가 세상을 떠난 후, 《경향신문》에는 〈'있음'으로 싸운 성소수자들… '없음'으로 내몬 차별과 혐오〉라는 제목의 기사가 게재되었다. 기사 제목을 보고 마음이 많이 덜컹거렸다. 문득 어떤 구절이 떠올랐기 때문이다. 한국사회 장애인운동의 역사를 정리해 2007년 출간한 《차별에 저항하라: 한국의 장애인 운동 20년》 서장은, 2005년 세계 장애인의 날에 열린 장애인차별금지법 제정 투쟁결의대회의 결의문을 다음과 같이 인용하면서 시작한다.

> 지난 4년간 장애인차별금지법 제정을 위한 장애인계의 노력은 장애인의 존재가 이 사회에서 '없음'이 아니라 '있음'을 알리기 위한 피나는 투쟁의 과정이었다. 지난 역사 속에서 장애인은 이 사회에서 '없음'의 존재였다.[7]

학창 시절 나에게 퀴어 친구도 장애인 친구도 없었던 이유는, 이 사회에서 성소수자와 장애인이 있어도 없는 듯 살아가길 강요받았기 때문이다. 그 현실을 변화시키기 위한 가장 기본적인 출발점이 차별금지법이다. 물론 장애인차별금지법이 제정되었음에도 장애인에 대한 차별이 사라지지 않았듯, 포괄적 차별금지법이 제정된다고 해서 성소수자를 비롯한 이 땅의 소수자들이 차별받는 견고한 '토대'가 한 번에 무너지지는 않을 것이다. 그러나 그것은 차별이 '재생산'되는 양식에, 즉 차별하는 주체와 차별받는 주체가 형성되는 과정에 균열과 변이를 가져오고, 차별과 그에 대한 저항이 지금과는 다른 양태로 전개될 수 있는 가능성을 생성해낸다.

지금과 다른 세상은 기존 질서와 토대가 한 방에 무너지면서 오는 것이 아니라, 끊임없는 저항 속에 '차별의 재생산이 조금씩 실패하면서' 온다. 우리는 적어도 지금과는 다르게, 지금보다는 더 낫게 저항할 수 있는 세상을 원한다. 그리고 적어도 "나는 동성애에 반대한다"거나, 퀴어문화축제 개최에 대해 "거부할 권리도 존중받아야 한다"고, "공감대 형성이 먼저"라고 말하는 정치인들이 사라진 세상을 원한다. 그러니 이제 당장, 차별금지법을 제정하라. 그 무기를 들고 우리가 세상을 바꿀 것이니. 지금과 같은 흑백의 세계가 아니라, 무지개 빛깔의 새로운 세계를 열어낼 것이니.

'공정성'을 어찌할 것인가

2021년 4월, 교육자를 양성하는 국립대학인 진주교대가 2018년도 입시에서 장애 학생의 성적을 조작해 불합격시킨 일이 세상에 알려졌다. 이를 주도한 입학관리팀장은 "장애인은 날려야 한다", "장애인이 네 아이 선생이라고 생각해봐라" 등의 노골적인 혐오 발언까지 했지만, 대학 당국은 오히려 내부 고발을 한 입학사정관의 징계를 시도한 것으로 드러났다. 소식을 전해 들은 나와 동료들은 분노했고, 이 사건이 사회적으로 큰 파장을 낳으리라 생각했다. 한국사회의 소위 '공정성' 담론이 가장 민감하게 반응해온 이슈가 다름 아닌 입시였으므로.

하지만 우리의 예상은 완전히 빗나갔다. 처음으로 보도를 내보낸 《경향신문》 이외의 다른 중앙 일간지는 이 사건을 다루지 않았고, SNS에서도 별 반응이 없었다. 여론이 잠잠하니 진주교대도 방관적인 자세로 일관했다. 전장연이 총장실까지 점거하며 만들어낸 면담 자리에서 떠밀리듯 공식 사과를 약속했을 뿐이다. 곰곰이 생각해봤다. 극도로 예민해져 있는 한국사회 구성원들의 공정성 감각이 이 문제에서는 왜 작동하지 않았을까? 만일 성적 조작의 피해자가 비장애인이었다면 어땠을까? 맥락을 짚어나가다 보니, '존 롤스'라는 이름과 '에이블리즘ableism'이라는 단어가 머릿속에 떠올랐다.

자유주의적 정의론의 대가인 롤스는 1985년 발표한 〈공정으로서의 정의Justice as Fairness: Political not Metaphysical〉라는 논문에서 "시민으로서의 인격체들은 정상적이고 충분히 협력적인 사회구성원이 될 수 있는 모든 능력을 지닌다고 상정"해야 하기에 "심각하고 영구적인 신체적·정신적 장애를 지닌 이들은 제쳐둔다"고 썼다.[8] 중증장애인들은 '공정'으로서의 정의가 적용될 수 있는 시민이 아니라는 것이다. 그리고 '에이블리즘'은 비장애중심주의를 뜻하는 단어지만, 철자에서 드러나듯 그 핵심에는 능력주의가 자리하고 있다. 즉 자유주의와 능력주의에 기반한 현재의 공정성 감각이 장애인을 배제하는 방식으로 작동하는 게 순전히 일탈적이거나 우연적인 일은 아니다.

　그렇다면 어찌해야 할까? 공정이라는 가치의 한계를 직시하고 그것을 포기해야 할까? 나는 그렇게 생각하진 않는다. 역사적으로 공정성은 소수자에 대한 '적극적 차별시정 조치affirmative action'를 추동해낸 힘이기도 했다. 2006년 5월 시각장애인 안마사 제도에 대해 위헌 판결이 내려졌을 때, 나는 이를 비판하는 글에서 "평등은 '같음'이 아니라 '공정함'을 추구하는 것"이라고 썼다. 특별히 고민해서 쓴 문구가 아니라, 인권활동가들과의 대화에서 흔히 오가던 말이었다. 당시까지만 해도 공정성 담론장에서 인권의 헤게모니가 유지되고 있었다는 이야기다. 공정公正은 '공평하고 올바름'이라는 의미를 갖기에 대중적 감각 속에서 평등 및 정의와 긴밀히 연동될 수밖에 없다. 즉 공정성이라는 영역을 능력주의에 완전히 내어주게 되면 평등과 정의라는 영역에서 벌어지는 싸움에서도 밀릴 수밖에 없다.

　그러니 우리는 경쟁에서의 공정성이 아니라 무한 경쟁 시스템이 불공정한 삶을 어떻게 정당화해왔는지 이야기해야 하며, 관계와 조건에서의 공정성, 반차별주의에 기반한 공정성을 다시 중심에 세우는 노력을 기울여야 하지 않을까? 제대로 된 차별금지법 제정은 이런 맥락에서도 반드시 완수해야 할 시대적 과제일 것이다.

장애와 질병이라는 '범주'

'범주'는 국어사전에 "동일한 성질을 가진 부류나 범위"라고 정의되어 있다. 인간은 일정한 범주를 통해 세계의 존재와 대상을 구분하고 인식한다. '범주'를 의미하는 영어 단어 'category'의 형용사형 'categorical'은 '단정적'이라는 의미를 갖고 있으며, 우리는 누군가가 어떤 범주에 속하는지에 따라 그가 이러저러한 사람일 거라고 단정하기도 한다. 나에게는 장애인운동을 하면서 오랫동안 고민해온 범주가 있다. 바로 장애와 질병이다. 본격적으로 고민하게 된 건 정신장애인 운동에 대한 관심이 커지면서였고, '아픈 사람 정체성'과 '질병권'이라는 개념의 등장, HIV 감염인도 장애인차별금지법상의 장애인으로 인정되어야 한다는 논의의 활성화도 또 다른 계기가 됐다.

장애학에서는 전통적으로 장애와 질병을 구분해왔다. 질병은 치료나 죽음에 의해 종료되는 일시적인 것인 반면 장애는 지속된다는 것이 기본적 논거가 된다. 하지만 인간의 몸에 존재하는 손상이라는 차이가 질병과 장애라는 양자의 범주를 통해 배타적으로 구분될 수 있을까? 아마도 어려울 것이다. 예컨대 이런 것과 비슷하다. 교양서와 학술서, 인문학과 사회과학은 상이한 범주다. 그러나 한 권의 책이 구체적으로 쓰이고 출간되었을 때, 실제로는 교양서 혹은 학술서, 인문학 책 혹은 사회과학 책 중 하나로 단정하거나 분류하기 어려운 경우도 많다. 필자의 전작 《장애학의 도전》은 ISBN 부가기호 첫 자리가 '0'으로 시작하는 교양서이지만, 한 출판문화상에서는 교양서가 아닌 학술서 부문의 본심에 올랐다. 질병권 개념을 정립하고 공식화한 조한진희 활동가의 저서 《아파도 미안하지 않습니다》를 인터넷 서점에서 찾아보면 인문학 범주와 사회과학 범주 양쪽에 등록되어 있다.

장애와 질병을 구분하려는 동기는 '장애의 병리화'에 맞선 장애해방 투쟁의 역사 속에서 형성되었다. 그러나 나는 일견 모순적인 말처럼 들리겠지만 '질병의 병리화'에 맞선 투쟁 또한 필요하다고 생각한다. 페미니즘이 '여성의 여성화'에, 즉 여성의 여성다움과 여성 역할 female role 강요에 맞섰던 것처럼 말이다. 병리화라는 사회문화적 과정 속에서 질병은 통상적인 삶의 현상이 아닌 일탈로 간주되며, 질병이 개별성과 고유성을 지닌 인격체의 특성들 중 하나로 다루어지는 것이 아니라 오히려 한 인간이 질병으로 환원되는 전도가 발생한다. 탤컷 파슨스가 말했던 '환자 역할 sick role'이란 이 같은 전도를 뒷받침했던 개념일 것이다. 그리고 이런 과정을 거치며 의학은 질병을 가진 사람의 삶에 복무하는 서비스가 아닌 그 사람의 삶을 통제하고 좌우하는 권력이 된다.

'환자'를 뜻하는 영어 단어 'patient'는 '참고 기다리는'을 의미하는 형용사이자, '수동자'를 의미하는 명사이기도 하다. 즉 이러한 의미망에는 근대 의학이 환자를 의사의 판단과 결정을 일방적으로 기다리고 따라야 하는 자로 만들었던 맥락이 존재한다. 결국 한 인간의 주체적 삶이 의료 권력의 장 안에서 억압되는 조건 자체를 변화시키지 않는다면, 장애와 질병을 구분하고 장애만을 그 의료 권력으로부터 '개념적으로' 탈출시킨다고 해서 모종의 해방이 성취될 수는 없을 것이다. 어떤 장애는 질병과 뚜렷하게 구분되지만 또 다른 장애는 질병과 겹쳐지며, 장애인이든 비장애인이든 우리 모두는 병들지 않고 살아갈 수 없는 존재이니 말이다.

변형과 변혁, 그리고 기후위기

만물은 변한다. 인간 또한 변화를 추구한다. 변화와 관련된 두 단어 '변형'과 '변혁'은 받침 하나가 다르다. 어쩌면 말 그대로 '한 끗 차이'다. 양자는 변화라는 동일한 방향성 내에서 정도나 양상의 차이를 나타낼 수도 있지만, 의미상의 표면적 유사성과 달리 정반대의 것을 함축할 수도 있다. 즉 변혁이 근본적인 변화를 지향한다면, 변형은 오히려 근본적으로 아무것도 변화하지 않으려는 욕망과 지향을 지닐 수 있다.

인류세와 자본세라는 새로운 지질학적 명명마저 등장시킨 기후위기의 시대, 한국사회에서도 온실가스 감축을 위한 변화가 추구되고 있다. 2021년 5월 말 대통령 직속 '2050 탄소중립위원회'(약칭 탄중위)가 출범하여 2030년 국가 온실가스 감축 목표 Nationally Determined Contribution, NDC가 발표되었고, 같은 해 10월에는 '2050 탄소중립 시나리오'가 국무회의에서 확정되기도 했다. 그러나 기후정의운동 진영에서는 탄중위 위원직을 사퇴하는 것과 함께 '탄중위해체공대위'를 결성하여 격렬한 비판과 반대의 목소리를 냈다.

기후정의포럼에서 출간한 《기후정의선언 2021》은 이 같은 갈등과 저항이 불가피한 이유가 무엇인지 잘 보여준다. 이 팸플릿은 "기후정의운동은 성장주의 이데올로기와 그 변형인 녹색성장론을 거부"함을 분명히 하면서, 지금의 위기는 "자본주의적 성장 체제를 변혁하지 않고서는 해결이 불가능하다"고 강조한다.[9] 요컨대 현재 정부와 자본이 주도하는 녹색성장은 "물이 넘치는데 수도꼭지는 잠그지 않고 배수구만 뚫겠다는" 것과 다르지 않다.[10]

기후위기에 대한 주류 권력의 이 같은 대응 방식은 우리 사회의 다양한 문제들에서 대동소이하게 나타난다. 탄중위의 탄소중립 시나리오 초안과 같은 시기 발표된 장애인정책조정위원회의 '탈시설 로드맵' 또한 시설 체제를 영속화하기 위한 거주시설의 변형안에 다름 아니었다. 탄소중립 시나리오가 소위 착한 성장을 추구하듯 이 로드맵은 좋은 시설을 추구할 뿐이다. 탈성장degrowth 경제와 탈시설사회로의 전환이라는 절박한 과제에 대한 이 사회의 대응에서 나는 '변형'과 '변혁'의 화해 불가능한 대립을 본다.

변혁은 근본적인 단절의 계기를 내포하며, 그러한 단절을 위해서는 결집된 힘을 통한 충격이 필요하다. 가수 이랑은 3집 타이틀곡 〈늑대가 나타났다〉에서 "이 가난에 대해 생각해보세요. 이건 곧 당신의 일이 될 거랍니다. 이 땅에는 충격이 필요합니다"라고 노래한다. 나는 이 가사의 '가난'을 '기후재난'으로도 바꿔 부를 수 있다고 생각했다. 그리고 늑대로 호명되는 민중들은 기후정의운동이 이야기하는 '기후위기 최일선 당사자'이기도 할 것이다. 가난과 기후위기를 생산해내는 것은 동일한 시스템이며, 기후위기로 인한 폭염, 한파, 산불, 가뭄, 대홍수로 가장 큰 피해를 입는 것도 가난한 이들이기 때문이다.

변혁은 단호하지만, 그 변혁을 위해 힘을 모으는 일은 지난하고도 여러 동요를 수반하는 과정이다. 그러나 달리는 기차 위에 중립이 없듯, 불타는 지구 위에 중립은 없다. 탄소중립을 넘어선 기후정의운동은 지금 여기의 삶을 위한 실천이며, 탈시설 역시 기후정의가 추구하는 필요 기반의 상호의존 경제와 만날 때 온전히 실현될 수 있을 것이다.

죽어서도 여기 머무는 자

김순석, 최정환, 이덕인, 박흥수, 정태수, 최옥란, 그리고 박기연과 우동민. 그들의 이름을 나지막이 한 번씩 불러본다. 내겐 익숙하지만, 동시대를 살아가는 많은 시민들에게는 아마도 대부분 낯선 이름들. 2021년 12월 3일 세계 장애인의 날, 이들의 삶과 투쟁과 죽음에 대한 곡진한 기록을 담은 책 《유언을 만난 세계: 장애해방열사, 죽어서도 여기 머무는 자》가 출간되었다.

장애 학생을 가르치는 교사가 되고자 특수교육과에 진학했던 1996년, 입학식을 위해 찾은 대학 캠퍼스 곳곳에는 최정환과 이덕인을 살해한 김영삼 정권을 규탄하는 대자보가 붙어 있었다. 그해 겨울 에바다복지회의 비리와 인권 유린 사태가 세상에 알려졌고, 이 문제의 해결을 위해 전국에바다

대학생연대회의 활동을 하며 '장판의 전태일'과도 같았던 김순석의 존재를 알게 되었다. 2000년 여름 노들야학 사무국장으로 사회운동을 시작한 나는 정태수의 집에 찾아가 소주를 얻어 마셨고, 명동성당 앞 노숙농성장에서 최옥란을 만났으며, 갑작스럽게 세상을 떠난 박흥수의 영구임대아파트에서 망자의 체취와 함께 며칠을 머물기도 했다. 박기연과 우동민은 장애인 이동권 확보와 활동지원서비스 제도화를 위한 투쟁 현장에서 마주치곤 했던 나의 동지들이었다.

본격적인 장애인운동 활동가로서의 삶을 결의했던 25년 전, 나는 무엇보다 이 운동의 역사에 대해 제대로 알고 싶었다. 그래야 앞으로 무엇을 고민하고 무엇을 해야 할지 가늠할 수 있을 것 같았기 때문이다. 하지만 장애인운동 주체들이 겪어왔던 환경의 열악함과 고단함 때문이었을까. 기록된 장애인운동의 역사는 너무나 단편적이었고, 내가 접할 수 있었던 텍스트라곤 전국장애인한가족협회 시절 작성된 A4 여덟 쪽 남짓의 약사가 전부였다. 그런 아쉬움과 갈증을 조금이나마 해소하고자 2007년 《차별에 저항하라: 한국의 장애인 운동 20년》을 쓰게 되었고, 그 책에서 박기연과 우동민에 앞서 간 여섯 명 열사의 이름을 언급했다. 그러나 여러 한계들로 인해 그들의 투쟁과 죽음에 대한 기본적 사실만을 나열했을 뿐, 열사들의 삶은 하나의 이야기로 구성되지 못했다.

그런 면에서 《유언을 만난 세계》의 성취는 놀랍고도 소중하다. 발터 벤야민은 〈역사의 개념에 대하여〉 6번 테제에서 "과거를 역사적으로 표현한다는 것은 '그것이 실제로 어떠했는가'를 인식하는 일을 뜻하지 않는다. 그것은 오히려 어떤 위험의 순간에 번득이는 어떤 기억을 제 것으로 삼는다는 것을 뜻한다"고 말한다." 진실은 사실의 단순한 퍼즐 맞추기, 혹은 사실의 합이 아닌 것이다. 기록되어 있고 전해 들을 수 있는 '사실'의 한계 속에서도, 이 책의 필자들은 우리가 기억해야 할 '진실'을 담은 여덟 명 열사들의 삶의 이야기를 기어코 구성해냈다. 평등하고 존엄한 인간으로서의 삶을 희구하며 한 시대를 뜨겁게 살다 간 그들의 이야기 속에는 개인사를 넘어선 장애의 사회사 또한 담겨 있다. 나는 그 작업이 이 책의 부제처럼 '장애해방열사'들이 '죽어서도 여기 머물' 수 있도록 하기 위한 또 다른 투쟁이었다고 생각한다. 그러니 부디 많은 이들이 함께 읽어주시길. 열사들의 투쟁, 그리고 그들의 삶을 엮어낸 필자들의 분투는 이 책을 읽을 독자들을 통해 완성될 것이므로.

2장

'섹스와 젠더' 담론을 통한 '손상과 장애'의 재성찰

젠더와 장애, 모호하고 혼란스러운 개념

'손상은 손상일 뿐이다. 특정한 관계 속에서만 손상은 장애가 된다'는 장애학의 기본 입장은 마르크스의 역사유물론과* 더불어 "여자는 태어나는 것이 아니라 만들어지는 것"이라는 페미니즘의 고전적 명제로부터** 영향을 받았다. 즉 장

---

*   "흑인은 흑인일 뿐이다. 특정한 관계 속에서만 흑인은 노예가 된다. 면방적기는 면방적을 하는 기계일 뿐이다. 특정한 관계 속에서만 그것은 자본이 된다." 칼 맑스, 〈임금 노동과 자본〉, 《칼 맑스 프리드리히 엥겔스 저작 선집 1》, 최인호 외 옮김, 박종철출판사, 1997, 555쪽, 번역 일부 수정.

**   시몬 드 보부아르, 《제2의 성(상)》, 조홍식 옮김, 을유문화사, 1993, 392쪽. 한국어판의 이 문장은 그 함의를 뚜렷하게 하기 위한 의역에 가깝다. 원서의 문장 "On ne naît pas femme: on le devient"에 충실하게 직역해보면, "사람은 여자로 태어나지 않는다: 사람은 여자가 된다"이다.

애학의 '손상impairment' 개념과 페미니즘의 '섹스sex' 개념, 그리고 '장애disability' 개념과 '젠더gender' 개념은 양자의 담론 내에서 상당히 유사한 위상을 지닌다고 할 수 있다.

그런데 장애학에서 '장애'는 잘 확립된 개념일까? 물론 전통적인 사회적 장애 모델social model of disability **내에서는** 어느 정도 그럴 것이다. 하지만 여러 이론적 흐름들이 경합하고 있는 장애학 전반에서, 더구나 일상 담화의 영역으로까지 시야를 넓혀보면 전혀 그렇다고 말할 수 없을 듯하다.

《철학, 장애를 논하다》라는 책의 머리말은 "장애는 상당히 난감하고 혼란스러운 개념"이라는 한탄으로 시작된다.[1] 페미니스트 문화평론가 손희정이 2020년 2월 2일 페이스북에 포스팅한 〈왜 이런 혼파망이 펼쳐지는가: 섹스와 젠더 개념에 대한 정리〉라는 글을 보았을 때,[2] 나는 저 한탄이 자연스럽게 떠올랐다. 손희정은 이 글에서 "트랜스젠더를 둘러싼 여러 가지 논란들의 원인 중 하나는 아무래도 '젠더'라는 개념의 모호함과, 이 개념을 사람마다 상이하게 사용하고 있기 때문인 것" 같다고 지적한다.

'젠더' 개념이 이처럼 "상이하게 사용"되고 있는 사례들 중 하나로 이반 일리치의 《젠더》를 들 수 있을 것 같다. 일리치는 이 책에서 '젠더'를 토박이말에, '성'(섹스)을 공식적인 학습을 통해 체득한 모국어에 비유하면서, ('성'이 타고난 것이고 '젠더'가 사회적으로 만들어진 것이라는 통념과는 반대로) '성'이 상품 소비에 기초한 근대적 생활양식의 성립과 함께 **만들어진** 것이고, 인간은 처음부터 일정한 '젠더'로 태어나서 성장해왔다고 주장한다.

여성에 대한 경제적 차별은 이렇듯 젠더를 폐기하고 성을 사회적으로 구성하지 않았다면 생겨날 수 없는 것이었다. 이것이 내 주장의 요지다.[3]

맥락과 양상은 조금 상이하겠지만, 이러한 개념적 혼란 내지 임의성은 장애를 둘러싼 논의에서도 반복된다. 장애학에서 다양한 이론적 흐름에 따라 '장애'라는 개념 자체가 상이하게 사용되는 것은 물론이고, 일상 담화에서는 '장애'라는 하나의 기표記標에 육체적 손상뿐만 아니라 "부정적 낙인, 한 인간의 정체성, 사회적 현상(억압)이라는 여러 가지 기의記意가 동시적으로 서로 경합하며 기입"되는 경우가 다반사인 것이다.[4]

손희정의 글에서 핵심이 되는 내용 중 하나는 (페미니즘과 퀴어이론 연구자인 박차민정의 설명을 인용한) "섹스는 생물학적 성이 아니라, 생물학적 특징에 따라 사람의 성별을 두 개로 나눌 수 있다고 생각하는 신념 체계의 **산물**product이다"라는 문장, 조금 더 축약해보면 '섹스는 생물학적 성이 아니라 신념 체계의 산물이다'라는 명제다.

이 명제는 읽는 이에 따라 다소 상이하게 해석될 가능성이 있지만, 그 요지를 파악하는 것이 크게 어려운 일은 아니다. '성적권리와 재생산정의를 위한 센터 셰어SHARE'의 대표 나영 또한 유사한 입장에서 "생물학적 성별이라는 실체가 있고 그것을 규정하는 젠더가 있는 것이 아니라 이 사회가 젠더를 통해 이분법적 성별의 구분과 규범을 현실의 실체로 유지시키고 있다"고 말하고 있으며,[5] 사실 섹스만이 아니라 '모든' 종류의 개념과 범주(화)란 어떤 면에서 인간의 관념과 담론적 구성의 **효과/결과**effect이기 때문이다.*

그렇다면 다음의 주장 내지 진술은 어떤가? "나는 섹스가 신념 체계의 산물이라는 생각에 반대한다. 신념 체계의 산물이라는 것은 섹스의 한 측면이다. 섹스의 다른 측면은 그것이 명백하게 생명 과정이며 물질적 실재라는 것이다."[6] 이는 '성차 페미니즘'을 대표하는 철학자 뤼스 이리가레를 연구

---

* 특히 어떤 '범주category'를 나타내는 개념은 일종의 스펙트럼 내지 연속체continuum를 '단정적으로categorically' 구획하고 절단함으로써 구성된다. 그리고 이런 맥락에서 우리는 '산山'이라는 것도 단순한 자연적 실체가 아니며 일정한 문화적 구성물이라고 말할 수 있을 것이다. 왜냐하면 '산'을 '평지'와 구분하고 다시 '고원'과 구분하는 분류/담론 체계가 존재할 때에만 '산'은 '산'으로 인식되고 표상될 수 있기 때문이다.

해온 황주영이** 2020년 2월 5일 페이스북에 포스팅한 〈인기 없는 고민〉이라는 제목의 글 첫 부분이다. 나는 이 문장 역시 큰 무리 없이 납득할 수 있었지만, 손희정의 입장과 황주영의 입장 사이에는 당연히 일정한 이론사적 긴장과 인식론적 쟁점이 존재한다. 그리고 섹스와 젠더에 대한 이해 방식에서의 이 같은 관점 차이는 손상과 장애에 대한 이해 방식에서도 유사한 형태로 나타난다고 할 수 있다.

사회적 모델의 손상 및 장애에 대한 설명과 비판 지점

사회적 장애 모델의 관점을 최초로 정식화했다고 볼 수 있는 영국의 장애인 단체 '분리에 저항하는 신체장애인 연합 Union of the Physically Impaired Against Segregation, UPIAS'은 손상과 장애를 아래와 같이 정의하고 있다.

우리의 관점에서 손상impairment이 있는 사람들을 장애인으

** 황주영은 《뤼스 이리가레》(커뮤니케이션북스, 2017)라는 책을 썼으며, 뤼스 이리가레의 주저 《반사경: 타자인 여성에 대하여》(심하은·황주영 옮김, 꿈꾼문고, 2021)의 공역자이기도 하다.

로 만드는 것은 바로 사회다. 장애disability는 사회의 완전한 참여에서 불필요하게 고립되고 배제됨으로써 우리의 신체적 손상에 **덧붙여 부과되는** 것이다. 즉 장애인은 사회 내에서 억압받는 집단인 것이다. 이것을 이해하기 위해서는 신체적 손상과 장애라고 불리는 사회적 상태 사이의 차이를 이해하는 것이 필요하다.

우리는 손상을 팔다리의 일부나 전부가 부재한 것, 또는 팔다리, 몸의 기관이나 작동 방식에 결함을 지니고 있는 것으로 정의한다. 그리고 장애는 신체적 손상을 지닌 사람들을 거의 또는 전혀 고려하지 않음으로써, 그들을 주류 사회 활동의 참여에서 배제하는 당대의 사회 조직에 의해 야기된 불리함이나 활동의 제한을 말한다.[7]

사회적 모델의 이 정의는 손상을 정확히 '생물학적' 차원의 것으로, 장애를 '사회적' 차원의 것으로 개념화하고 있는데, 이러한 손상/장애 이원론은 페미니즘 담론 내에서 비판의 지점이 되어온 섹스/젠더 이원론과 동형성을 지니고 있다. 그리고 그 비판을 이끈 이들은 기본적으로 '사회적 구성주의' 인식론에 기반을 둔 이론가들이었다.

대표적인 인물이 퀴어 페미니즘 이론의 선구자로 평가받는 주디스 버틀러다. 버틀러는 《젠더 트러블》에서 "언제나 이미 문화적 의미로 해석되지 않은 몸에 기댈 수 있는 것은 아무것도 없다. 따라서 섹스는 담론 이전의 해부학적 사실성[실재]으로 볼 수 없다. 사실 섹스는, 그 정의상, 지금까지 줄곧 젠더였다는 것이 밝혀질 것이다"라고 말한다.[8] 앞서 인용한 나영의 진술과 연결시켜 다시 말하자면, '섹스는 젠더의 **산물**이자 **효과**'인 것이다.

장애학 내에서도 유사한 논의가 있다. 예컨대 셸리 트리메인은 "손상과 그것의 물질성은 규율 지식/권력disciplinary knowledge/power이 당연시된 **효과**이다"라고 말한다.[9] 재닛 프라이스와 마그리트 실드리크 또한 사회적인 것으로서의 장애와 생물학적인 것으로서의 손상이라는 구별 자체가 근대적인 이원론의 산물이라고 비판하면서, 장애가 사회적 구성물인 것처럼 손상 역시 생물학적인 실재성과 연계성을 갖지 않는 하나의 사회적 구성물에 불과하다고 주장한다.[10] 이러한 장애학 이론가들에게 강력한 이론적 자원이 되는 것이 바로 푸코와 버틀러의 텍스트라고 할 수 있다.

장애학 내에서 '몸의 사회학sociology of the body'을 바탕으로 이론적 작업을 수행하고 있는 대표적 논자 중 한 명인 빌 휴스는 사회적 장애 모델에 근거해 발전한 장애학과 몸의 사회학을 "밤중에 [항해하다] 서로 지나쳐버린 선박들"에 비유한다. 사회학이 데카르트주의에 기초한 몸(자연)과 사회의 이원론을 해체하기 위해 노력하는 동안, 장애학은 오히려 새로운 이원론을 재구축하며 자신의 정체성을 확립했다는 것이다.[11]

"장애의 존재론적인 본질은 …… 생물학적인 '결손' 내지 '결함'이다"라는 의료적 모델의 장애 개념이 하나의 명제thesis라면, "장애는 (의료적 또는 개인적 문제가 아니라) 손상을 지닌 사람들을 제한하고, 규제하고, 차별하는 일련의 물리적·사회적 장벽이다"라는 사회적 모델의 장애 개념은 이에 대한 일종의 반명제antithesis라고 할 수 있다.[12] 그런데 이렇게 서로 대립적인 관계 속에서 투쟁하고 있는 **의료적 모델과 사회적 모델이 몸에 관해서만큼은 하나의 동일한 관점으로 수렴**되고 있다고 휴스는 지적한다. 즉 양자 모두가 몸을 전사회적pre-social이고, 자아와 분리되어 있으며, 감각을 통해 파악할 수 있는 물리적이고 객관적 대상으로서 바라보고 있다는 것이다. 이로 인해 몸과 손상이 사회적인 것으로 사고되어야 할 때조차 자연적이고 생물학적인 영역 내에 남게 된다고 비판한다.[13] 따라서 휴스가 보기에 필요한 것은 이런 상황을 넘어설 수 있는 새로운 합명제synthesis인데, 이는 "손상은 사회적인 것이고, 장애는 체현된 것이다Impairment is social and disability embodied"라는 문장으로 표현될 수 있다.[14]

이 같은 사회적 구성주의의 관점에서 집단의 '차이'(남성/여성, 손상/정상)는 위계적인 가치평가 방식보다 앞서 존재하지 않으며, 그런 평가 방식과 동시에 형성된다. 다시 말해서 **차이가 차별을 낳는 것이 아니라, 권력이 차이를 만들어낸다.** 이 같은 맥락에서 보면, '장애인이기 때문에 차별받는 것이 아니라, 차별받기 때문에 장애인이 된다'는 장애학의 명제에서 '장애인'이라는 기표가 지닌 기의도 근본적으로 달라진다. 즉 전통적인 사회적 모델—사회적 생성주의 모델social creationist model—에서는 전자의 장애인이 'people with impairment'를 의미하고 후자의 장애인이 'disabled people[people with disability]'을 의미한다면, 사회적 구성주의 모델social constructionist model에서는 전자와 후자 모두 일차적으로 'people with impairment'를 의미하게 되고, 동시에 'impairment=disability'의 등식이 성립한다.[15] 버틀러가 "섹스는, 그 정의상, 줄곧 젠더였다"고 말했던 것처럼 말이다. 즉 몸의 어떠한 차이가 손상으로 규정되는가의 문제 자체가 사회문화적 담론 및 권력의 작용에 의해 결정되는 것이다.

장애의 경우 이런 측면은 다양한 문화인류학적 연구들을 통해 확인된다. 예컨대 우리 사회에서 발가락이 두 개뿐인 인간은 손상을 지녔다고 여겨지지만, 서아프리카의 한 부족에서는 발가락이 두 개인 것과 발가락이 다섯 개인 것 사이에 특별한 차이가 있다고 인식하지 않는다. 마치 우리가 손가락이 좀 더 길고 짧은 것, 눈이 크고 작은 것을 특별한 차이로 인식하지 않는 것처럼 말이다.[16] 또한 북미 나바호족Navajo 사회에서 현지 조사를 수행한 데이비드 라빈 등에 따르면, 그곳에서는 선천성 골반 질환으로 인해 다리를 저는 사람이 많았지만 이런 신체적 상태에 대한 사회적 낙인이나 불이익이 존재하지 않았다고 한다. 따라서 그들은 서구 현대의학이 제공하는 치료를 거부했다.[17] 이와 같은 사례들은 도대체 무엇이 비정상인지, 또는 무엇을 '공인된 손상accredited impairments'으로 간주할 것인지 그 기준 자체가 고정되어 있지 않다는 것을 드러낸다.

그렇다면 사회적 장애 모델에 대한 이 같은 비판의 유의미성을 수용하면서도, 동시에 그 모델의 합리적 핵심을 유지하는 손상과 장애의 존재론 및 인식론은 불가능한 것일까?

섹스와 손상에 대한 하나의 잠정적 이해 방식

로즈메리 갈런드 톰슨은 페미니스트 장애 이론을 제안하는 한 글에서 자신이 '지적 관용의 방법론methodology of intellectual tolerance'이라고 부른 것에 대해 다음과 같이 기술한 바 있다.

페미니즘은 젠더 시스템에 대한 자신의 도전 과제에서 비롯된 역설을 수용하면서 혼돈에 빠지지 않고 오히려 내부 갈등과 모순을 용인하는 방법론을 발전시켰다. 이 방법은 어려운 질문들을 던지되 **잠정적인** 답을 받아들인다. 이 방법은 정체성의 힘을 인정하는 동시에 정체성이 허구fiction임을 드러낸다. 이 방법은 평등을 추구하면서도 차이를 주장한다.[18]

사실 섹스와 젠더, 그리고 손상과 장애를 둘러싼 복잡다단한 논쟁과 갈등을 일시에 해소할 수 있는 이론은 아마 존재할 수 없을 것이다. 우리는 이 세계를 빈틈없이 완벽하게 인식하고 설명할 수 없으며, 특정한 이론적 관점이나 인식론적 틀을 설정한다는 것은 불가피하게 어떤 부분은 괄호를 치거나 공백으로 남겨둔다는 것을 의미할 수밖에 없기 때문이다. 예컨대 현상학의 관점에서 보자면, 사회적 장애 모델은 (통증, 피로, 우울, 기능 제약과 같은) 손상에 수반되는 몸의 경험들이 지닌 실재성을 인정하면서도 이를 괄호 안에 넣어버린다고, 사회적 구성주의 모델은 그러한 경험들의 실재성 자체를 제대로 인정하지 않는다고 비판될 수 있을 것이다.

그럼에도 앞서 내가 일견 대립되어 보이는 손희정의 입장과 황주영의 입장 모두를 수긍할 수 있었던 건, 북유럽의 장애학자들인 시모 베마스와 페카 메켈레의 다음과 같은 입장에 준거하여 '손상'을 이해하고자 하기 때문이다.

베마스와 메켈레는 존 설이 이야기하는 '원초적 사실brute facts'과 '제도적 사실institutional facts'의 구분을 받아들이는데, '에베레스트산의 정상은 눈으로 덮여 있다'는 것과 같은 원초적 사실은 그런 사실이 존재하는 데 있어 인간의 어떠한 제도도 필요로 하지 않는다. 반면 '김대중은 대한민국의 제15대 대통령이다', '철수는 장애의 정도가 심한 장애인이다'*와 같은 제도적 사실은 오직 인간의 제도 안에서만 존재할 수 있다. 원초적 사실을 진술하는 데에도 물론 언어 제도 등이 필요하긴 하지만, 진술된 사실과 그 사실에 관한 진술은 구분될 수 있고 구분되어야 한다. 예를 들어 '영희가 맹장염에 걸렸다'는 **진술**은 언어 제도를 필요로 하며, 유기체의 기능과 그러한 기능의 결과를 식별하는 의료 제도를 필요로 한다. 그러나 **진술된 사실**, 즉 누군가의 맹장이 감염되었다는 사실은 언어 제도를 비롯한 그 어떤 제도와도 독립적으로 존재한다.[19] 요컨대 '진술된 사실'이 존재론의 영역에 속한다면, 그러한 사실의

---

* 우리나라에서 1988년부터 존재했던 장애등급제는 의료적 기준에 따라 장애를 1등급에서 6등급까지로 구분해왔으나, 2019년 7월 장애등급제가 형식적으로는 폐지되면서 '장애의 정도가 심한 장애'(기존 1~3급에 해당)와 '장애의 정도가 심하지 않은 장애'(기존 4~6급에 해당)로 단순화되었다.

'진술'은 인식론의 영역에 속한다.

21번 과잉 염색체의 현존presence은 원초적 사실이며,** 사람들이 행하는 일정한 개념의 구성이나 해체와 무관하게 이런 사실은 존속한다. 그러나 21번 과잉 염색체를 지닌 사람들의 삶에 대해서 말하자면, 인간의 여러 제도가 그러한 상황에 개입한다. 즉 이와 같은 특정한 생물학적 현상을 '21번 **과잉 염색체**'로 **명명**하고 '**다운증후군**'으로 **진단**하는 것은 이를 원초적 수준에서 제도적 수준으로 옮겨놓게 된다. 이러한 확인 속에서 베마스와 메켈레는 "손상이란 그 존재 여부의 식별이나 정의가 문화적·사회적으로 결정되는 물질적 또는 유기체적 현상이라 할 수 있다"고 말한다.[20]

물론 섹스와 손상을 완전히 동일한 맥락에 두고 이야기할 수는 없지만, 섹스 또한 그 "식별이나 정의가 문화적·사회적으로 결정되는 물질적 또는 유기체적 현상"으로 이해한다면, 손희정의 입장과 황주영의 입장은 강조점은 다를지라도 서로 '모순되는' 진술은 아닐 것이다. 그리고 이런 기반 위에서 나는 여전히 섹스란 ('생물학적 성'이라는 워딩을 조금 더 섬세하게 표현하자면) '생물학적 **차원**의 성을 가리키는 **개념**'이라고 규정

** 일반적으로 인간의 체세포는 23쌍, 총 46개의 염색체를 함유하고 있다. 그러나 21번 염색체가 3개여서 총 47개의 염색체를 지닌 사람들이 있는데, 이럴 경우 다운증후군이 나타나게 된다.

할 수 있을 듯하다. 인간만이 아니라 인간을 포함해 유성 생식sexual reproduction을 하는 지구상의 생명체들이 지닌 (두 개의 섹스가 아니라) 'n개의 섹스'에 대해 우리가 사고하고자 한다면 말이다. 설령 신념 체계와 문화를 지닌 인간이 소멸한다 하더라도, 우리가 섹스라는 개념을 통해 사고하고자 했던 실재/실체가 사라지는 것은 아닐 테니까.

요컨대 현재의 질서를 자연화하려는 시도는 보수적이기 십상이지만, 모든 것을 문화로 포섭하려는 시도는 모종의 인간중심주의로 경도될 위험을 내포하고 있다. 섹스나 성적 신체가 구성적인 것임을 이야기하기 위해 자연이라는 영역을 지우는 것은 '자연적인 것은 불변적인 것이고 문화적인 것은 가변적'이라는 또 다른 이원론을 전제하게 될 수 있다. 또한 이 같은 문화 결정론cultural determinism에는 섹스란 결코 이항적이지 않으며 사실상 일종의 '스펙트럼' 내지 '연속체'라는 것을 설명해주는 자연과학의 성과를* 적극적으로 활용하지 못하도록 만드는 측면도 존재한다. 남성 아니면 여성이라는 이항적 관념을 걷어낸다면 생식기관의 구조나 염색체 그 어느 것을 기준으로 하더라도 생명체의 섹스는 둘로 구분될 수 없으

---

* 이와 관련해서는 MTF 트랜스젠더 진화생물학자인 조앤 러프가든의 《변이의 축제》(노태복 옮김, 갈라파고스, 2021)를 참조할 수 있다.

며, 섹스의 차이가 유전적으로 선결정된다거나 그 차이를 가르는 벽이 생물학적으로 넘을 수 없는 것이라는 생각은 매우 단순한 편견에 불과하다.

3장

차별, 장애화, 불안전의 정치

안전할 권리에 대한
관계론적 성찰

참사에 노출된 삶/생명, 장애인

장애인들이 이 사회에서 살아가는 건 단연코 위험한 일이다. 그들의 삶/생명은 참사에 일상적으로 노출되어 있기도 하다. 이를 확인하는 것은 그다지 어려운 일이 아니다. 장애인들이 어떻게 삶/생명의 경계 이쪽 편에서 저쪽 편으로 넘어가게 되는지를 보라.

2001년 오이도역에서 일어난 장애인 리프트 추락 참사로 장애인 부부 중 한 명은 사망하고 다른 한 명은 중상을 입는다. 그 이후 이동권 투쟁이 시작되었다. 2003년 송내역에서 한 시각장애인이 유도블록 미비로 출구를 찾아 헤매다 선로로 추락했고, 승강장으로 진입하던 열차에 치여 그대로 사망하고 만다. 그 이후 스크린도어 설치를 위한 투쟁이 시작되었다. 그러나 장애인은 계속해서 같은 방식으로 죽어갔다. 2002년 발산역에서, 2004년 부천역과 이수역에서, 2006년 신수역에서, 2008년 화서역에서, 2009년 제물포역에서, 2017년 신길역에서, 2022년 양천향교역에서. 확인된 사망사고가 이 정도일 뿐, 중상을 입은 사고까지 헤아리면 참사의 목록은 끝도 없이 이어진다. 장애인은 단지 대중교통인 지하철을 타기 위해서 목숨을 걸어야만 했던 것이다.

2005년 12월 경남 함안에서 한 중증장애인이, 보일러 수도관이 동파되어 흘러나온 물에 이불이 젖어들면서 그 이불과 함께 그대로 얼어 죽는 참사가 발생했다. 그 이후 활동지원서비스 제도화 투쟁이 시작되었다. 그러나 이 서비스는 장애인의 필요needs에 따라 제공되지 않았다. 정부가 임의적으로 정한 예산과 장애등급에 의해 난도질되었다. 그런 제도적 조건 속에서 2012년 10월 김주영이 불타 죽었고, 11월 박지우·박지훈 남매가 불타 죽었다. 2014년 4월 송국현이 또 불타 죽었다. 그들은 "'사고가 나서'가 아니라 '사고가 나도록 방치돼서', '불이 나서'가 아니라 '달아나지 못해서'" 죽었다.' 그리고 또 며칠 뒤 근육장애인 오지석이, 활동지원사가 없는 시간에 호흡기가 빠졌는데 이를 바로잡아줄 이가 곁에 없어서 죽어갔다. 송국현에게 사고가 난 것은 세월호 참사 3일 전이었고, 오지석에게 사고가 난 것은 세월호 참사 당일이었다.

장례 투쟁에 모여 서럽게 울고 분노하던 사람들은 말했다. "중증장애인들에게 이 사회는 언제나 세월호였다"고.

송국현과 오지석의 죽음으로 활동지원서비스 24시간 보장 투쟁이 본격화되었고, 2014년 말부터 서울, 인천, 대구, 광주 등 몇몇 지방자치단체에서 최중증장애인에 대한 활동지원 24시간 제공이 지자체 예산을 통한 시범사업 형태로나마 시작되었다. 그러나 2016년 중앙정부의 이른바 '사회보장사업 정비 방안'에 의해 이 사업의 대상자 확대가 중단되거나 사업 자체가 아예 폐지되고 만다.* 이로 인해 전신마비 장애인 권오진의 24시간 활동지원서비스가 갑자기 끊겼고, 야간에 체위 변경을 할 수 없게 된 그는 욕창이 심해져 결국 패혈증으로 사망했다.

어디 이뿐일까. 2012년 8월 21일부터 2017년 9월 5일까지 1842일 동안 진행된 장애등급제·부양의무제 폐지 광화문 농성장에 놓여 있었던 18개의 영정. 그 영정 속의 생명들 중 누군가는 장애등급 재심사에서 등급 외 판정을 받고 기초

---

* 2015년 8월 11일, 국무총리실 산하 사회보장위원회는 지방자치단체가 자체적으로 시행하는 사회보장사업 중 중앙정부의 사업과 유사·중복성이 있는 1496개 사업을 통폐합하겠다는 지침을 발표했고, 여기에 활동지원 24시간 제공도 포함되었다. 그리고 이에 대한 근거로는 지방자치단체의 장이 사회보장제도를 신설하거나 변경할 경우 보건복지부 장관과 협의해야 한다는 〈사회보장기본법〉 제26조 2항이 동원되었다.

생활 수급권에서 탈락해 죽음으로 내몰렸고, 또 누군가는 돈 30만 원이 없어 맹장이 터진 것을 끌어안고 있다가 복막염으로 사망했다. 그러니까, 이 사회는 위험하니 안전하게 보호받을 수 있는 시설로 들어가면 되지 않느냐고?

바로 그 시설에, 2020년 코로나19 팬데믹으로 인한 인명 피해가 집중되었다. 유엔인권최고대표사무소Office of the UN High Commissioner for Human Rights, OHCHR 자료에 따르면, 각 국가들의 코로나19 감염 전체 사망자 중 정신질환·장애·노인 관련 시설 수용자들이 42~57%를 차지하고 있다.² 국제장기돌봄정책네트워크International Long Term Care Policy Network가 발표한 〈케어홈 코로나19 관련 사망률〉에서도 전 세계 21개국 코로나19 사망자 중 집단시설 거주자가 46%를 차지하는 것으로 나타났다.³ 이런 상황 속에서 시설 수용 정책의 중심 대상인 장애인의 코로나19 사망률은 상상을 초월한다. 영국의 경우 2020년 3월부터 7월 중순까지의 사망자 4만 6314명 중 장애인이 2만 7534명으로 59.5%를 차지했다.⁴ 영국 인구 중 장애인의 비율이 27% 정도임을 감안하면,⁵ 장애인의 사망률은 비장애인의 약 4배에 이른다. 장애인 거주시설에 2만 8000명, 정신요양시설에 8200명, 정신의료기관에 3만 3000명 등 약 7만여 명의 장애인이 격리 시설에서 살아가고 있는 대한민국 역시 크게 다르지 않다.* 2020년 12월 9일 기준 코로나19로 인한 사망자 556명 중 장애인이 117명으로 21%를 차지했다.[6] 대한민국 인구 중 장애인의 비율이 5% 정도임을 감안하면 장애인의 사망률은 비장애인의 약 5배에 달한다.

코로나19는 예외적인 상황 아니냐고? 그동안 장애인들은 시설에서 온몸에 피멍이 들도록 맞아서 숨졌고, 제대로 된 식사조차 제공받지 못한 채 강제노역에 시달리다 죽어갔으며, 또 누군가는 이른바 '의문사'를 당하고도 장례조차 치르지 못한 채 12년 동안 냉동고에 방치되었다. 아니 그 이전에 시설은 인격체로서의 삶, '나'의 삶이 없는 곳이었다. 어쩌면 그들은 '사회적 존재로서의 삶/생명^{bios}'을 한 번 잃고, '생물학적 존재로서의 삶/생명^{zoē}'을 또 한 번 잃었다고, 그러니까 말 그대로 '두 번 죽었다'고 해야 할지도 모를 일이다.

그래서 다시 한번 말하지만, 이 사회에서 장애인으로 살아간다는 건 정말이지 위험한 일이다. 그런데 장애란 무엇이며, 장애인이란 어떤 존재인가? 장애인의 삶이 참사에 노출되어 있다고 할 때, 우리는 어떤 장애를 말하고 있는 것인가?

---

* 장애인 거주시설과 정신요양시설 입소자 수는 공공데이터포털(https://www.data.go.kr)에서 제공하는 자료의 2022년 말 기준 인원이며, 정신의료기관의 경우에는 2023년 말 전체 입원자 5만 6705명 중 본인의 신청 시 바로 퇴원이 가능한 자의입원 환자 2만 3646명을 제외한 숫자이다. 국립정신건강센터, 《국가 정신건강현황 보고서 2023》, 2024년 10월, 37쪽.

문제는 위험이 아니라,
위험에 대처할 수 없는 무능력

우리의 삶 속에서 위험과 안전은 A와 ~A(A 아닌 것)의 관계, 그러니까 이분법적 대립opposition 내지는 제로섬zero-sum 관계가 아니다. 요컨대 안전은 위험이 전무한 상태로 정의될 수 없다. 어떤 면에서 삶에는 불가피하게 위험이 수반되며, 우리는 더 나은 삶을 위해 위험을 무릅쓰기도 하고, 때로는 위험을 즐기기도 한다. 당신들을 안전하게 보호하겠다며 시설에 머무르라는 이 사회를 향해, 자립생활운동Independent Living Movement의 주창자들이 '위험을 경험할 권리'를 이야기했다는 것은 분명 시사하는 바가 있다.* 위험 자체가 문제가 아니라고 했을 때, 그렇다면 무엇이 문제인가? 그것은 위험에 대처할 수 없는 무능력이다. 유엔 국제재난경감전략기구UN International Strategy for Disaster Reduction, UNISDR는 재난/참사와 위험의 관

---

* "장애인의 자립생활 원리에 있어 핵심 사상은, 장애인에게 자신이 어디서 살 것인지, 누구와 함께 살 것인지, 어떤 생활양식을 선택할 것인지, 자신의 시간을 어떻게 활용할 것인지 등에 대한 생활전반에 걸친 제반 상황을 스스로 결정하고 선택할 수 있는 권리가 있다는 것이다. 이와 같은 자립생활의 개념은 장애인은 스스로의 선택과 결정에 의해 모험이나 그 결과에 따른 위험 상황에도 대처할 수 있어야 하며 이에 따른 성공 혹은 실패를 경험할 수 있는 권리를 갖는다." 김동호, 〈'자립생활Independent Living'의 한국적 모색〉, 미출간 논문.

계에 대해 "'자연' 재난/참사 같은 것은 존재하지 않는다. 단지 자연적 위험들이 있을 뿐이다There is no such thing as a 'natural' disaster, only natural hazards"라고 했다.**7 역사유물론의 핵심을 담지하고 있는 마르크스의 저 유명한 구절—"흑인은 흑인일 뿐이다. 특정한 관계 속에서만 흑인은 노예가 된다. 면방적기는 면방적을 하는 기계일 뿐이다. 특정한 관계 속에서만 그것은 자본이 된다."8—을 패러디해보자면, '위험은 위험일 뿐이다. 특정한 관계 속에서만 위험은 재난/참사가 된다'. 그렇다면 그 특정한 관계란 무엇인가? 바로 위험에 대처를 '할 수 없게 만드는' 관계 내지 조건일 것이다.

한편 '장애'는 영어로 'disability'로 표기된다. 'disability'는 '무능력/할 수 없음'을 뜻한다. 그리고 장애가 아닌 상태, 즉 '비장애'는 영어로 'ability'로 표기된다. 'ability'는 '능력/할 수 있음'을 뜻한다. 요컨대 '장애=무능력/할 수 없음', '비장애=능력/할 수 있음'이 되며, '장애인'이란 '무언가 할 수 없는 상태에 있는 사람'인 것이다. 흔히 우리는 자유주의-개체주의-실체론의 시각에서 '능력을 가지고 있다'고 말한다. 그러나 관계론적 혹은 관개체적transindividual***

**　이 기구의 명칭은 현재 '유엔 재난위험경감사무소UN Office for Disaster Risk Reduction, UNDRR'로 변경되었다.
***　스피노자에 대한 에티엔 발리바르의 해석과 연관되어 있는 '관개체성

시각에서 보자면, 이것은 하나의 이데올로기인 동시에 문법적 환상에 불과하다. 능력/비장애와 무능력/장애는 근본적으로 '소유하고have 있는 것, 혹은 '지니고 있는with' 것이 아니다. 마사 누스바움은 정치적 자유주의를 일관되게 지지하는 법철학자이지만, 그는 "'소극적 자유' 개념은 모순이다. 모든 자유는 적극적 자유다"라고 말한다.[9] 어려운 이야기가 아니다. 내가 무언가를 자유롭게 '할 수 있다/없다'는 것은 항상-이미 다른 존재들과의 관계, 그리고 나를 둘러싼 조건과 환경 속에서만 논해질 수 있다는 것이다.

이런 맥락에서 장애인은 ('people with impairments'이기는 하지만) 'people **with disabilities**'가 아니다. '**disabled people**'인 것이다. 이 후자의 표현에는 언제나 '**by**'(~에 의해서)가 생략되어 있다. 이렇게 생략되어 있는, 그래서 종종 잘 드러나지 않는 어떤 것이 우리로 하여금 무언가를 '할 수 없게 만든다'. 위험의 대처뿐 아니라 우리의 삶 일반에 있어서도 '능력/할 수 있음'과 '무능력/할 수 없음'은 언제나 중요한 문제다. 그러나 그것은 **관계**의 문제이며, 그렇기 때문에 정확히 정치적인 문제다. 장애인운동이란 바로 이처럼 어떤 존재

---

transindividuality'이라는 개념은 모든 개체들을 가로지르는 무한한 연관 관계가 각 개체의 실존 및 활동의 조건이 된다는 것을 함의한다.

가 '장애화/무력화disablement'되는 관계를 문제 삼는 운동이며, 그런 맥락에서 보편적 정치성을 갖는다. 우리 모두는 어떠한 관계, 즉 차별적이고 억압적이며 불평등한 관계 속에서 자신의 의지에 따라 자유롭게 무언가를 할 수 없게 되며, 이것이 우리의 삶과 안전을 위협하기 때문이다. 예컨대 여성들이 성적 자기결정권을 행사할 수 없게 되는 건, 그래서 성폭력이라는 피해를 입게 되는 건, 언제나 불평등한 젠더 관계 속에서의 문제인 것이다. 다른 방식으로 말하자면, 그러한 관계 속에서 여성들의 성적 자기결정능력은 '무력화'된다. 인권활동가들이 외쳐왔던 '평등해야 안전하다'는 구호[10] 역시 이와 같은 맥락에서 새길 수 있으며, 어떤 존재들이 '장애화/무력화'되는 관계를 해체하고 평등한 관계를 재구축하기 위한 '권한강화/세력화empowerment'는 안전이라는 권리의 확보를 위한 전제이자 핵심이 된다.

　이 같은 성찰을 앞서 언급한 장애인들의 죽음과 연관지어 생각해보자. 그들은 어떤 위험을 마주했지만, 그 위험에 대처할 수 없는 상태에서 죽음에 이르렀다. 우리가 그들의 죽음을 사회적 타살이라고 이해했다면, 이는 그들로 하여금 그처럼 위험에 대처를 '할 수 없게 만든' 무언가가 있음을 인지했기 때문이다. 리프트가 아닌 엘리베이터가 있었다면, 활동지원서비스가 그들의 필요에 따라 충분히 제공되었다면, 부양의무제나 불합리한 근로능력 평가 따위로 기초생활 수급권을 제한당하지 않았다면, 장애인들이 자신의 의지에 따라 탈시설을 할 수 있는 제도적 여건이 지역사회에 마련되어 있었다면(아니, 애초부터 자신의 의지에 반하여 시설에 들어가지 않을 수 있었다면), 그들은 위험을 마주하지 않거나 최소한 그 위험에 대처를 '할 수 있었을' 것이고 그렇게 죽어가지 않았을 것이다.

생물학적 장애인—우리 사회에서 장애인으로 규정되는 손상을 지니고 있는 사람—만 그러할까? 그렇지는 않을 것이다. 세월호 참사가 단순한 사고가 아닌 참사인 것은, 그것이 대한민국이라는 국가가 보여준 총체적 무능력disability의 문제였기 때문이다. 그처럼 무능력한 국가에 소속되어 있던 국민들이었기에, 그 수많은 생명이 기울어가는 세월호에서 탈출을 '할 수 없게 된disabled' 것이다.

사회구성원의 안전을 위협하는 존재로서의 장애인

그러나 이처럼 불안전과 참사에 일상적으로 노출되어 있는 장애인은, 역으로 사회구성원들의 안전을 위협하는 존재로 재현되면서 혐오의 대상이 되기도 한다. 특히 인지장애cognitive disability나 정신장애mental disorder를 지닌 정신적 장애인의 경우가 더욱 그러할 것이다. 언론에서는 언제부터인가 '정신질환자 범죄', '조현병 범죄'라는 표현을 일상적으로 사용하고 있다. 2016년 비자의非自意 입원 요건을 강화하는 내용을 담아 〈정신보건법〉을 〈정신건강증진 및 정신질환자 복지서비스 지원에 관한 법률〉(약칭 정신건강복지법)으로 전부 개정하던 시기, 정신보건 전문가들은 범죄가 증가하고 사회적 안전이 위협받을 수 있음을 경고하며 매우 부정적인 입장을 취했다. 같은 해 강남역 여성 살해 사건 직후 정부는 정신장애인의 범죄 위험성을 식별할 수 있는 체크리스트 제작 및 경찰의 요청에 의한 행정입원 강화를 대책 중 하나로 제시했다.[11] 또한 2019년 당시 조국 법무부 장관 후보자는 "범죄를 반복하는 정신질환자를 국가가 적극 치료하여 국민들이 불시에 범죄 피해를 입는 일이 없도록 하겠다"며, 정신질환자들의 강력 사건이 국민의 안전을 위협하고 있으므로 치료명령 등의 강화를 통해 범죄를 예방하겠다고 밝히기도 했다.[12]

물론 이처럼 정신장애인 집단을 '범죄자화'하는 것은 많은 이들이 비판했듯 터무니없는 일이다. 대검찰청의 2017년 범죄분석 보고서에 따르면, 정신질환자의 범죄율은 같은 기간 전체 인구 범죄율의 29분의 1 수준이고, 살인·강도 등 강력 범죄율도 5분의 1에 불과하기 때문이다.[13] 그러니까 '정신장애를 지닌 사람의 범죄'를 '정신장애 때문에 발생한 범죄'로 몰아가는 건, '곱슬머리를 지닌 사람의 범죄'를 '곱슬머리 때문에 발생한 범죄'라고 우기는 것만큼이나 비합리적인 일인 것이다.[14] 그렇다면 정부와 공권력은 이 같은 사실을 잘 알고 있으면서, 왜 시시때때로 이들을 잠재적 범죄자로 상정한 대책을 제시하는 것일까? 이들이 시민의 안전을 위협하는 존재로 대중들의 의식 속에 각인되는 이유는 무엇일까? 그 심층에는 어떤 기제가 놓여 있는 것일까?

여기서 우리는 장애인만이 아니라 다른 소수자/약세자minority 집단으로 그 시야를 확장해볼 필요가 있다. 왜냐하면 어떤 집단 자체가 범죄자화되는 현상은 다수자/강세자majority에게는 결코 발생하지 않기 때문이다. 예컨대 '비행 청소년'이라는 말은 존재하지만 '비행 성인'이라는 낙인은 존재하지 않는다. '정신장애인 범죄'라는 용어는 사용되지만, 앞서 언급했듯 정신장애인보다 비정신장애인의 범죄율이 월등히 높은데도 '비정신장애인 범죄'라는 용어는 사용되지 않는다. 또한 '외국인 노동자 범죄'나 '노숙자 범죄' 등의 표현은 심심치 않게 접할 수 있지만, '국내 노동자 범죄'나 '비노숙자 범죄'라는 표현을 찾아볼 수는 없다.

한국사회에서는 한동안 힘없고, 돈 없고, 빽 없어서 서러움을 겪는 사람들, 자크 랑시에르의 표현을 빌리자면 '몫 없는 이들'을 가리키는 용어로 '을z'이라는 말이 광범위하게 사용되었다. 을은 기본적으로 관계적인 용어다. 즉 을이라는 정치적 주체는 언제나 '갑甲'이라는 또 다른 정치적 주체와의 관계 속에서 성립된다. 그리고 이런 갑-을 관계는 단연 비대칭적이다. 을이 못 가진 자, 약자, 횡포를 당하는 자로 '과소 인간'의 위상을 갖는다면, 갑은 가진 자, 강자, 횡포를 가하는 자로 '과잉 인간'의 위상을 갖는다. 한편 우리가 일상생활에서 '갑과 을'이라는 용어를 가장 흔히 접하는 것은 계약서를 작성할 때다. 다시 말해, 갑-을 관계는 시장 체제인 자본주의 사회에서 무엇보다 계약 관계로서, 특히 불평등한 권력관계가 투영된 부정의한 계약 관계로서 발현된다.

그런데 우리는 이와 같은 계약 관계 자체에서 배제되는 '을 이하의 인간'이라는 형상 또한 발견하게 된다. 예컨대, 노동시장에서 노동자들이 을이라면, 불법체류자 신분에 있는 이주노동자들은 엄밀히 말해서 을에도 미치지 못하는 존재라 할 수 있다. 그렇다고 해서 그들이 재하청 관계에서 흔히 표현되는 '병丙'이나 '정丁'인 것도 아니다. 그들은 근로계약서 자체가 작성되지 않는, 그래서 갑-을 관계라는 장場 내에 일종의 유령처럼 존재하는 을 이하의 인간이다. 집주인의 눈치를 보며 살아야 하는 세입자들이 을이라면, 청원경찰의 욕설과 발길질에 몸을 일으켜 사라져줘야 하는 거리의 홈리스들

역시 을이라는 말로 표현하기에 충분치 않은 존재들이다. 이들은 일정한 맥락 내에서 그 '존재 자체'가 언제든 불법화될 수 있기에, 어떤 법적 계약의 장 내에 자신의 안정적인 자리를 형성할 수 없다. 그리고 이러한 을 이하의 인간이라는 형상은 법적 의사능력意思能力과 행위능력行爲能力이 부정될 수 있는 인간들, 그리하여 인간이지만 도덕적·정치적·법률적으로 인격(즉 인간의 자격)을 부정당하는 인간들에게서도 나타난다. 그 대표적인 집단 중 하나가 민법상 미성년자인 청소년이라면, 다른 하나의 집단은 이성적 사고 능력ability to reason이 '정상적인' 인간에 미치지 못한다고 간주되는 인간들, 즉 인지장애인이나 정신장애인 같은 정신적 장애인들이다.*

결국 여기서 우리가 주목하고 있는 이주노동자(외국인 노동자), 홈리스(노숙자), 청소년, 정신적 장애인들은 일종의 비非시민으로서 이 사회에 존재하고 있으며, 감시와 통제의 대상이 되고, 그러한 통제의 손길에서 벗어날 때 사회의 안전을 위협하는 범죄자 집단으로서 '잘못 표상/재현misrepresentation'된다. 또한 이들 모두는 '사회를 보호하기' 위한 정당하고도 적절한 조치로서 시설 수용의 대상이 된다. 요컨대 이들이 사

---

* '을 이하의 인간'에 대한 논의는 김도현, 《장애학의 도전》, 오월의봄, 2019, 234~236쪽에서 가져온 것이다.

회구성원들의 안전을 위협한다는 인식은 부정적인 의미에서 매우 이데올로기적이라고 할 수 있으며, 그 허구적 프레임은 을 이하의 인간들이 세력화를 통해 메타-정치적 '대표불능 misrepresentation'**의 상태에서 벗어나 평등한 시민으로서 자신의 자리를 확보할 때에만 깨질 수 있을 것이다.

국가를 어떻게 바라볼 것인가

한편 안전을 권리로서 사고한다고 할 때, 국가는 하나의 쟁점 내지 딜레마로 존재하는 듯하다. 요컨대 "안전한 사회를 위해 법률을 정하고 시스템을 갖추는 것이 국가의 책임"이지만, "국가는 종종 안전을 자유, 평등, 연대보다 우위에 놓

** 낸시 프레이저는 정치적 부의의인 대표불능을 크게 두 가지 수준으로 나누어 설명하는데, 일상-정치적 대표불능ordinary-political misrepresentation이 정치적 발언권은 '인정'받지만 그것을 제대로 '실현'할 수 없는 형태의 부정의라면, 메타-정치적 대표불능은 정치적 발언권 자체를 '부정'당하는 형태의 부정의라고 할 수 있다. 이런 메타-정치적 대표불능은 한나 아렌트가 '권리들을 가질 권리'(즉 일종의 메타-권리)라고 부른 것을 상실한 경우와 유사하게 어떤 형태의 '정치적 죽음'을 발생시킨다. 이런 상황에서 고통받는 사람은 자선이나 보호의 대상이 될 수는 있지만 어떤 요구 자체를 제기할 가능성과 권리를 박탈당하기 때문에, 그들은 정의의 측면에서 볼 때 더 이상 '인격체'가 아니다. 낸시 프레이저, 《지구화 시대의 정의》, 김원식 옮김, 그린비, 2010, 40~42쪽, 53~55쪽.

고 후견을 약속하기 때문"에 안전에 대한 요구가 "자칫 보호에 대한 열망으로만 쏠리는 것은 아닌지 우려"스러운 것이다.¹⁵ 그런데 여기서 '국가'란 도대체 무엇인가? 우리에게 '국가'는 어떤 식으로 파악되고 있는 것일까?

포스트-마르크스주의까지 포함한 마르크스주의 국가이론에서 국가에 대한 관점은 크게 세 가지로 대별해볼 수 있다. **주체**(의 도구), **실체**(적 기계), **관계**가 그것이다.* 첫째, 국가를 '주체'로 본다는 것은 그것을 지배계급 자체, 혹은 지배계급의 도구와 동일시한다는 것을 말한다. 마르크스가 《공산(주의)당 선언》에서 국가를 "부르주아 계급 전체의 공동 업무를 처리하는 하나의 위원회일 뿐"이라고 규정했을 때의 관점.¹⁶ 그리고 이 관점에서 운동의 목표는 그 도구를 지배계급으로부터 탈환해 피지배계급의 손에 틀어쥐는 것, 즉 **'장악'**하는 것이다. 둘째, 국가를 하나의 '실체'로 본다는 것은 그것을 자체적인 메커니즘에 따라 작동하는 기계, 부르주아적 질서를 (재)생산하도록 설계된 장치로서 파악하는 것이다. 여기서 국가란 누가 장악했는가와 상관없이 애초에 설계된 목적에 따라 작동하기를 멈추지 않는다. 마르크스가 1871년 파

---

* 국가를 '주체', '실체', '관계'로 구분하여 정리한 것은 최원, 〈세월호 이후의 국가〉, 《황해문화》 91, 2016, 20~36쪽에 기반하고 있음을 밝혀둔다.

리 코뮌을 경험하며 쓴 《프랑스 내전》이라는 텍스트에서 발전시킨, 그리고 레닌이 1917년 러시아혁명의 와중에 《국가와 혁명》이라는 책자를 쓰면서 재발견한 관점.[17] 이 관점에서 국가란 피지배계급이 장악해서 인민 대중의 뜻에 따라 사용할 수 있는 무엇이 아니라, 파괴하고 '**사멸**'시켜야 할 대상이 된다.

셋째, 국가를 '관계'로 본다는 것은, 그것을 단지 지배계급의 맥락에서만이 아니라 피지배계급 및 그들의 대중투쟁과의 관계 속에서 파악한다는 뜻이다. 니코스 풀란차스가 기술한 바를 따르자면, "국가는 본질적인 실체로 간주될 수 없으며 …… 계급들과 계급 분파들 사이의 세력 관계의 물질적 응축"이다.[18] 여기서 '세력 관계' 앞에 계급만이 놓일 이유는 없을 것이다. 당연히 젠더, 섹슈얼리티, 인종, 나이, 장애 등의 요소가 함께 놓여야 한다. 즉 인권의 정치라는 관점에서 보자면, 불평등한 권력관계에 있는 다양한 다수자/강세자 집단과 소수자/약세자 집단 간(자본가-노동자, 남성-여성, 성다수자-성소수자, 다수인종-소수인종, 성인-청소년, 비장애인-장애인) 세력 관계의 복합적이고 교차적인 물질적 응축이 바로 국가다. 요컨대 소수자 집단의 '세력화'와 그것의 물질적 제도화 정도에 따라 국가의 양태도 달라지게 되는 것이다.

이 같은 관점에서의 국가란 조금 거칠게 말하자면, 정치적 동물인 인간이 구성해내는 정치공동체와 같은 것이라고 할 수 있다. 다시 말해, 정치가 소멸하지 않는 한 국가(=정치체)는 언제나 존재한다. 마르크스주의에 내재한 '이론적 아나키즘'의 경향—프롤레타리아 독재 이후 공산주의 사회에서 국가는 사멸한다—을 비판했던 에티엔 발리바르는 "모든 국가가 반드시 민주주의적이지는 않다. 하지만 정의상 비국가는 민주화될 수가 없다"고 이야기 한 바 있는데,[19] 그의 입장은 바로 이러한 관계로서의 국가라는 맥락에서 어렵지 않게 이해될 수 있다. 민주주의란 정치의 문제인데, 정치가 소멸한 공동체인 비국가가 민주화될 수는 없기 때문이다. 그리고 이 관점에서는 정치와 관련하여 국가를 초과하는 transnational 조직·단위는 존재할 수 있지만, 국가 바깥에서 국가와 무관하게 존재하는 조직·단위는 존재할 수 없다. 시민사회 역시 국가의 외부가 아니며, 시민사회에 존재하는 소위 'NGO'란 단어의 뜻 그대로 비정부기구일 뿐 비국가기구는 아닌 것이다. 그리고 여기서 국가란 장악의 대상이 아니지만 사멸의 대상도 될 수 없기 때문에, 결국 운동이 추구할 수 있는 유일한 실천의 노선은 국가의 '**변환** transformation'이 된다.

이 글에서 조금은 길고 장황하게 이런 논의를 소개한 이유는, 이것이 안전에 대한 권리—아마도 권리 일반—와 관련하여 국가를 어떻게 사고하고 어떤 전략을 마련할 것인가의 문제와 무관하지 않다고 생각하기 때문이다. 국가를 정태적인 주체 내지 실체로 파악할 때, 그것은 무엇보다 시민의 자유권을 침해할 수 있는 존재로, 경계하고 제어해야 할 존재로 우리에게 다가온다. 그러나 국가가 관계로 사고될 때, 우리는 조금 더 동태적이고, 정세적·역사적이며, 전략적인 측면에서 국가의 변환을 사고할 수 있을 것이다.

예컨대 정치에서 결코 우회할 수 없는 대표/대의 representation라는 문제와 관련하여,* 적녹보의 가치를 담지하는 진보정당이 부재하거나 그 존재감이 미미하고 승자독식의 소선구제를 실시하고 있는 국가들과, 진보정당이 일정한 전통과 세력을 갖고 있고 실질적 비례대표제하에서 다양한 소수정당이 활동하고 있는 북유럽 국가들 및 독일이 같은 다당제 국가라고 할 수는 없다. 또한 이주민 및 난민 문제와 관련하여, 국경에 거대한 장벽을 설치한 미국과 "다양성은 캐나다의 힘이다 Diversity is Canada's strength"라는 비전을 제시한 캐나다[20]가 동일한 국가는 아니다. (더불어 '이민자의 나라'라는 정체성을 강

---

* 여기서 '대표/대의'는 단지 정당이나 의회로 환원되지 않는 훨씬 더 폭넓은 개념으로 이해되어야만 한다. 다양한 형태의 조합이나 사회단체들에서 발표되는 성명서의 관용적인 문구—예컨대 민주노총이라면 "천만 노동자를 대표하여……", 전국장애인차별철폐연대라면 "500만 장애인을 뜻을 모아……" 등—에서 확인되는 것처럼, 이들 또한 일정한 계층, 집단, 대중의 처지와 의사와 요구를 대표했거나 대표한다.

조하며 얼마간 적극적인 이민 정책을 시행했던 과거의 미국과 현재의 미국도 같은 국가는 아닐 것이다.) 여전히 장애인 시설 예산을 늘리고 있는 한국과 시설폐쇄법을 제정하여 이미 2000년대 후반에 시설 자체를 없앤 노르웨이나 스웨덴이라는 국가, 활동지원 24시간 제공을 중앙정부가 나서 가로막거나 거부하는 국가와 개인의 필요에 따라 48시간까지 제공하는 국가* 역시 안전이라는 권리의 맥락에서 보면 같은 국가라고 할 수 없다. 즉 국가가 문제라면 단지 그러한 국가를 경계하고 제어하는 것을 넘어 국가를 바꿔야 한다.

'No one left behind'와 'Leave no one behind'

필자가 교사로 활동하고 있는 노들야학은 2018년 7월 리슨투더시티**와 공동으로 '장애인과 비장애인이 함께하는

---

* 노르웨이와 스웨덴 등에서는 장애의 특성이나 해당 장애인이 처한 환경에 따라 2명의 활동지원사로부터 24시간 활동지원을 제공받을 수 있다.
** 한국의 과도한 개발과 환경적·사회적 무책임, 문화적 다양성 파괴에 대한 문제의식 속에서 2009년 활동을 시작한 예술인 및 연구활동가 콜렉티브. 도시 문제를 중심으로 저항의 현장에 함께하면서 전시, 출판, 다큐멘터리 제작 등 다양한 프로젝트를 진행하고 있다.

재난 대비 워크숍'을 개최한 바 있는데, 리슨투더시티가 정한 이 워크숍의 타이틀은 '누구도 뒤에 **남겨지지** 않는다No one left behind'였다. 누구도 뒤에 남겨지지 않으려면 어떻게 해야 할까? 앞서 논의했던 '관계'로서의 (무)능력과 (비)장애 개념에 비추어보자면, 2018년 420장애인차별철폐공동투쟁단이 내걸었던 슬로건과 같이 '누구도 뒤에 **남겨두지** 않아야Leave no one behind' 한다. '관계'로서의 우리가, 이 정치공동체가, 국가가 말이다. 또한 누구도 뒤에 남겨지지 않으려면, 혹은 누구도 뒤처지지 않으려면, 속도를 줄여야 한다. 그리고 그 속도를 다시 설정해야 한다. 누구를 기준으로? 가장 뒤에 있는 이들을 기준으로.

신자유주의적 국가는 이 속도를 가장 앞선 자에게 맞춰놓음으로써 뒤에 오는 이들이 이를 따라잡기 위해 '노오력'해야만 하는 국가, 혹은 정상/평균normal이라는 기준을 설정해놓고 그 범위에서 벗어나는 이들은 '죽게 내버려두는' 국가의 상태로 유지되어왔다. 퀴어 이론에서 자주 사용되는 '시간성temporality' 개념은 "어떤 존재가 가지고 있거나 경험하는 시간적 성격 및 속성"을 말하는데,[21] 앨리슨 케이퍼는 《페미니스트, 퀴어, 크립Feminist, Queer, Crip》(2013)이라는 저서에서 이러한 시간성 개념을 장애 이론에 적용하여 '크립의 시간crip time'*을 급진화한다. 케이퍼에 따르면 크립의 시간은 "단순히 연장되는 시간이 아니라" "시간을 재정향하는 것_reorientation"이며, "장애 있는 몸과 마음을 시계에 맞추는 대신, 시계를 장애 있는 몸과 마음에 맞춘다".[22]

장애인운동은 정상성에 기반을 둔 시간-속도가 아닌 장애인의 신체성 및 시간성을 이 사회에 각인시킴으로서 그 속도를 늦추는 운동이라고도 할 수 있다. 경쟁과 효율성의 원리가 지배하는 이 시공간에서 그것은 불가피하게 충돌을 일으키고 파열음을 낼 수밖에 없겠지만, 아마도 우리 사회를 좀 더 안전한 곳으로 만들어줄 것이다. 우리가 일상에서 경험하듯, 과속은 늘 위험하므로.

---

* 'crip'은 'cripple'의 약어형 속어로 우리말의 '불구자'와 유사하게 장애인을 비하하는 뉘앙스를 지닌 단어다. 그러나 동성애자를 비하하는 용어로 쓰였던 'queer'(괴상한)라는 용어가 성소수자운동에서 급진적으로 재전유된 것과 마찬가지로 장애인운동 내에서는 저항적 호명으로 사용되고 있다.

4장

장애학, 장애사, 《장애의 역사》

2022년 방영되어 많은 이들의 관심과 호응을 받았던 드라마 〈이상한 변호사 우영우〉 10화는 한 비장애 남성의 꼬임에 넘어가 경제적 피해와 더불어 성폭력까지 당한(혹은 당했다고 여겨지는) 지적장애 여성의 재판과 관련된 이야기를 담고 있다. 그리고 재판 과정에서 한 증인이 출석해 아래와 같이 진술하는 장면이 나온다.

검사: 피해자의 지적장애는 정확히 어느 정도입니까?
증인: 음…… 신영씨는 아이큐 65인 경도 지적장애로 교육을 통해서 사회생활 및 직업생활이 가능한 정도입니다. 열세 살, 그러니까 초등학교 6학년 정도의 발달연령이라고 보

시면 되겠습니다.

검사: 경찰 조사 과정에서 작성된 피해자의 진술서입니다. 증인도 보셨죠? ○○○○○로서 이 진술서에 대해서 어떻게 판단하십니까?

증인: 전체적으로 신빙성이 있다고 판단합니다.

이 장면에서 지적장애인에 대해 설명하고, 규정하고, 그의 말이 지닌 신빙성 여부를 판단할 수 있는 권위를 부여받은 이의 직업은 무엇일까? 바로 정신과 의사다.

한편 근대로의 전환기인 1700년대부터 현재까지의 '지적장애'에 대한 역사를 기술하고 있는 사이먼 재럿의 저서 《백치라 불린 사람들》을 보면, 위 드라마의 에피소드와 유사한 맥락에 놓인 다음과 같은 일화가 나온다. 1786년, 패니 퍼스트라는 22세의 '백치' 혹은 '치우' 여성이 상당한 유산을 물려받은 후, 육군 중위였던 헨리 바우어만이 일면식도 없던 퍼스트의 재산을 노리고 다른 이들과 공모해 그를 납치하고 결혼까지 하려 했다는 혐의로 고발당해 재판이 진행된다.

그런데 이 "퍼스트 사건에서 나타난 18세기 후반 백치에 대한 사람들의 인식에는 흥미로운 점이 있다. 천 페이지가 넘는 재판 기록에는 퍼스트가 치우라는 의학적 증거가 전혀 나오지 않는다".[1] 또한 "법 이론과 사상에서뿐만 아니라 일상에서도 두루 사용된 백치와 능력 개념은 법조계에서 일반 대중에게로 전파됐을 뿐만 아니라, 그 반대가 되기도 했다. 주목할 만한 점은 의학계에서 나온 백치에 관한 지식이 전혀 없다는 사실이었다. 백치 여부는 법조인과 일반 대중이 결정할 문제였다".[2]

그렇다면 지능지수IQ 검사가 확립된 20세기 이후에야 명명과 분류가 가능해진 제도적 사실로서의 '지적장애'*와 18세기의 '백치' 혹은 '치우'가 동일한 사회적 대상이라고 할 수 있을까? 장애의 역사나 사회사를 기술한다고 할 때, 우리가 상정하고 있는 '장애'란 과연 무엇을 말하는 것일까?

장애사 분야에 대한 기본적 이해

장애학 내에서 '장애사disability history'는 기본적으로 얼마간 논쟁적인 분야라 할 수 있다. 장애학의 성립을 가능케 했던 사회적 장애 모델의 관점에서 보자면, 이는 '장애인'이라는 범주 자체가 근대적인 사회역사적 구성물이라는 점에서

---

* 현재 대다수의 국가에서 지적장애는 '지능지수 70 이하'인 경우로 정의된다.

연유한다. 인류의 역사가 시작된 이래로 어느 시기 어느 곳에나 팔다리가 불편한 사람, 듣지 못하는 사람, 보지 못하는 사람, 다른 이들과 인지적 발달에서 차이를 보이는 사람, 광인으로 불렸던 사람 등이 있었지만, 불과 200년 전만 해도 그들은 동일성identity을 지닌 하나의 집단으로 사고되지 않았다. 즉 근대사회로의 전환기에 등장한 '장애인'이라는 개념은 새로운 형태의 자본주의적 노동 체제에서 배제당한 '불인정 노동자unrecognized worker' 계층을 가리키기 위해 발명된 것이라 할 수 있다.³

    기본적으로 유럽에서 'the disable-bodied'라는 (현재의 '장애인'에 해당하는) 용어가 처음 나타난 것이 1830년대 이후의 일이며, 20세기 초반의 문헌들에서도 다양한 신체적·정신적 손상을 지닌 이들은 장애인이라는 통합적 범주보다는 각각 나열되는 형태로 언급된다. 세라 F. 로즈의 《놀고먹을 권리는 없다No Right to Be Idle》(2017)⁴는 미국사회의 자본주의 발전과 연관지어 장애의 사회사를 서술하고 있는 책인데, 이 책의 부제 'The Invention of Disability, 1840s-1930s'는 시사하는 바가 꽤 크다. 서구에서도 20세기 초반까지는 장애인이라는 개념이 '발명'되어 아직 확립되던 중이었으며, 양차 세계대전 이후에야 장애와 관련된 사회정책이 확장되면서 '장애인'이 하나의 확고한 사회적·인구학적 범주이자 정체성이 되었다는 것을 간접적으로 말해주고 있기 때문이다.

그러나 위와 같은 시각에 동의하지 않는 장애학자들 또한 존재한다. 예컨대 빌 휴스는 '제1물결' 장애학의 사회적 장애 모델—역사유물론에 기반을 둔—이 지닌 한계와 공백을 지적하며 등장한 '제2물결' 비판장애학critical disability studies, CDS의 문화적 장애 모델cultural model of disability을 자신의 이론틀로 삼고 있는데, 그는 자신의 저서 《장애의 역사사회학A Historical Sociology of Disability》(2019)[5]에서 고대에서부터 기독교 중세 시대를 거쳐 르네상스 시기에까지 이르는 장애사를 일관된 논지와 방법론에 따라 기술해낸다. 그리고 이러한 역사 기술에서 장애가 자본주의 사회로의 이행과 더불어 확립된 근대적 현상이라는 관점은 비판되고 기각된다.

물론 필자는 장애가 '민족'이라는 개념/범주와 마찬가지로 근대적인 것이라 이야기할 수 있다고 생각하지만, 민족의 근대성도 역사학계에서는 논쟁이 지속되고 있는 테마다. 민족은 근대의 역사적 발명품이라고 보는 논변—대표적으로 베네딕트 앤더슨의 《상상된 공동체Imagined Communities》(1983)[6]—이 어느 정도 확립되어 있지만, 혈연과 종족성에 기반한 민족은 정치체body politic의 출현과 더불어 줄곧 존재해왔다는 논변—대표적으로 아자 가트와 알렉산더 야콥슨의 《민족: 정치적 종족성과 민족주의, 그 오랜 역사와 깊은 뿌리Nations: The Long

History and Deep Roots of Political Ethnicity and Nationalism》(2013)[7]—역시 무시될 수 없다. 전자의 관점에서 민족의 역사는 근대로의 이행과 더불어 시작되고 근대 이전의 종족성과 단절되어 있다면, 후자의 관점에서는 고대적 민족, 중세적 민족, 근대적 민족을 이야기할 수 있으며 이는 어느 정도 연속적이다. 장애 역시 근대 이전과 근대의 단절성/차별성에 방점을 두고 (히)스토리가 구성될 수 있지만, 그 연속성/유사성에 더 주목하는 (히)스토리의 구성 역시 가능할 것이다. 생명권력biopower이라는 담론틀과 연결시킬 경우 전자가 푸코적이라면, 후자는 아감벤적이라고 이야기할 수 있겠다.*

이러한 아감벤-휴스의 노선과 관련하여 주목해볼 수 있는 단어로, 라틴어 '인피르미타스infírmĭtas'와 '인발리두스inválĭdus'를 꼽을 수 있다. 양자는 기본적으로 '병약(한)'이라는 의미를 지니는데, 특히 '인피르미타스'는 고대와 중세에 장애와 관련해 빈번히 사용되었다.[8] 그리고 이를 어원으로 하는 영어 'infirmity'와 'invalid(ity)'는 일상적으로 장애와 잘 연결

---

* 미셸 푸코는 근대 이전의 군주가 지녔던 "죽게 만들고 살게 내버려두는" 권력과의 대비 속에서 "살게 만들고 죽게 내버려두는" 근대적 국가권력을 생명권력으로 개념화한 반면, 조르조 아감벤은 '살 가치가 없는 생명'을 결정하는 생명권력이 고대 그리스 이래의 서구 정치 구조 속에 항상-이미 함축되어 있었던 것으로 본다.

되지 않지만, 불어 'infirmité'와 'invalidité'는 명확히 '불구', '장애'라는 뜻을 지니고 있다. 예컨대 'infirmité motrice cérébrale'은 뇌성마비 장애를 말하며, 'Carte d'invalidité'는 프랑스에서 장애인에게 발급되는 일종의 우대 카드를 말한다. 또한 'invalidity'와 'invalidité'를 사전에서 찾아보면 현재는 일상생활에서 잘 사용하지 않는 단어 하나가 그 뜻에 포함되어 있는데, 그게 바로 더 이상 고칠 수 없는 병을 뜻하는 '폐질廢疾'이다. '폐질' 내지 '잔질殘疾'은 고려시대와 조선시대에 우리나라에서 장애를 지칭하기 위해 사용한 용어였고, 중국에서는 지금도 '잔질자'가 장애인에 대한 공식 용어로 쓰이고 있다.

요컨대 사회적 장애 모델에서는 자본주의 사회로의 이행기에 나타난 노동력의 상품화, 근대적 인간학의 형성, 생의학biomedicine에 기반한 임상의학의 탄생 등이 맞물리면서 '의료적 장애 모델medical model of disability'이 형성되었다고 본다. 하지만 아감벤-휴스 노선을 따를 경우, 근대 생의학과 전근대 의학의 차이, 양자의 의학 담론을 지탱해주는 보다 포괄적인 우주론 및 존재론의 차이, 그리고 의료권력이 국가권력과 밀착되는 정도 및 작동 방식에서의 차이는 존재할지언정, 장애에 대한 의료적 시선과 담론은 고대에서부터 일정한 연속성을 갖고 이어져온 것이라 주장할 수 있다.

그렇다면 불과 200년 전까지만 해도 인간사회에 '장애인'이 존재하지 않았다고 말할 때, 그것은 어떤 수준과 층위에서의 문제일까라는 생각을 해볼 수 있을 것이다. 예컨대 푸코가 "인간은 최근의 시대에 발견된 형상"이며 "어떤 사건에 의해 그 배치가 뒤흔들리게 된다면, 장담할 수 있건대 인간은 바닷가 모래사장에 그려놓은 얼굴처럼 사라질지 모른다"고 말한 것과,[9] 근대사회 이전에는 민족이 존재하지 않았으며 역사적 변환에 따라 해체될 수 있다고 이야기하는 것은 다른 층위의 문제일 것이다. 장애인은 근대적 담론 구성물로서의 '인간'과 보다 역사적인 구성물로서의 '민족', 그 사이 어디쯤에 위치하고 있는 것 같다.

이런 배경과 사정을 고려한다면, 근대 이전의 역사가 존재하지 않는 미국이라는 정치체를 대상으로 하고 있는 킴 닐슨의 《장애의 역사 A Disability History of the United States》(2012)[10]는 장애사 분야의 첨예한 논쟁점에서 한발 비켜나 있으면서도, 동시에 그런 논쟁들과 일정하게 연결시켜 탐독해볼 만한 저서라 할 수 있을 것이다.

북아메리카 토착민 사회에서의 장애

이 책의 1장은 북아메리카에 거주하던 토착민의 다양한 문화에서 장애에 관해 알려진 바를 검토하고 있는데, 그 내용은 비자본주의적 문화를 지닌 사회들에 대한 문화인류학적 연구를 통해 보고된 것과 어느 정도 결을 같이한다. 한마디로 요약하자면, 유럽인들이 오기 전 북미 토착민 사회에 현재 '우리가 아는 장애'는 존재하지 않았다."

> 정확하게 말하자면, 역설적이게도 북아메리카 토착민 사회에서 장애의 역사는 존재하지 않았다. 대부분의 토착민 공동체는 오늘날 '장애disability'에 해당하는 단어나 개념을 가지고 있지 않았다. …… 토착민 문화에서, 장애는 누군가가 공동체와 관계가 없거나 약할 경우에 발생하는 것이었다. 개인이 결함을 가지고 있더라도 장애는 그 사람이 공동체의 호혜 활동에 참여할 수 없거나 그 관계에서 제거된 경우에만 생겨났다. (41쪽)

오늘날 장애로 분류되는 인간의 다양성은 북아메리카의 토착민 부족들에게도 분명 존재했고 그 역사를 가지고 있다. 사람들마다 시력, 청력, 정신의 명민함, 이동하는 방법이 달랐다. 어떤 사람은 두 팔이 아니라 한 팔을 가지고 있었고, 어떤 사람은 한쪽 다리가 다른 쪽보다 짧았다. 그러나 영적인 통찰력, 리더십, 새지 않는 냄비를 만드는 능력 역시 사람마다 달랐다. 대다수의 토착민 공동체는 이 모든 것(신체적, 지적, 영적, 기능적인 것을 포함해서)이 같은 스펙트럼 안에 있다고 여겼다. (46쪽)

예컨대 심신상의 어떤 결함을 가진 사람이라도 물을 운반하는 능력이 있어서, 뜨개질 실력이 있어서, 특별히 향긋한 허브를 잘 찾아내는 능력이 있어서 공동체와 관계를 맺을 수 있다면 그는 뛰어난 인재였고 낙인 없이 공동체에 통합되었다. 즉 그들의 "결함은 공동체에 기여하는 방식에 영향을 미쳤지만, 사람들은 모두 자신의 공동체에 서로 다른 방식으로 기여하고" 있다고 여겨졌던 것이다(42쪽).

《장애의 역사》에서 언급되고 있는 여러 내용들 가운데 한 가지 흥미로운 것은 농인의 사례다. 유럽인이 오기 전 북아메리카 토착민들은 서로 다른 문화적·정치적 집단을 이루면서 2500개에 가까운 지역 언어를 사용했기에, 다른 부족을 만날 때뿐만 아니라 일상적으로도 수어를 사용했다. 수어가 일종의 '공용어'였던 셈이다. 그리고 그런 사회에서 농인은 청력의 손상으로 인해 의사소통의 장애를 경험하지 않았고 공동체에서 배제되지도 않았다. 즉 그들은 '농인'이었지만 청각'장애인'은 아니었던 것이다.

비장애중심주의와 능력주의

현대사회에서 장애인은 영어로 흔히 'people with disabilities'라고 표기된다. 그럼 비장애인은 어떻게 표기될 수 있을까? 'people with abilities', 말 그대로 '능력 있는 사람'이다. 물론 이건 소위 콩글리시다. 어쨌든 이걸 조금 다른 방식으로 다시 한번 부정하면 'people without abilities', 즉 '능력 없는 사람'이 된다. '에이블리즘'은 비장애중심주의 내지 장애차별주의를 뜻하지만 그 본질은 다름 아닌 능력주의에 있다. 요컨대 능력주의를 철폐하지 않는 한 장애차별주의는 사라지지 않으며, 역으로 장애차별주의를 철폐하지 않는 한 능력주의 사회는 결코 무너지지 않는다. 《장애의 역사》는 그런 진실을 미국이라는 한 국가의 역사 속에서 통찰해내는 책으로 독해될 수도 있을 것이다.

이 책은 미국 장애인의 역사에 대한 책이라기보다는 장애의 '시좌視座, position of view'에서 읽어낸 미국의 역사에 가깝다. 킴 닐슨은 이 책을 통해 "장애를 이용해 역사에 질문하고 답

한다는 것이 어떤 의미를 가질 수 있는지, 장애가 어떻게 인종·젠더·계급·성적 지향과 얽혀 있는지"를 보여주고자 한다(27쪽). 왜냐하면 "아프리카계 미국인, 이민자, 게이와 레즈비언, 빈민, 여성을 온전한 시민권을 행사할 수 없는 2등 시민으로 분류할 때마다, 장애[무능력]는 역사의 여러 장면에서 계속 호명되었"고 "다른 사회적 범주를 설명하고 정당화하기 위해 사용되어"왔기 때문이다(19쪽, 27쪽).

예컨대 미국의 백인들은 "노예가 몸과 정신에 심각한 장애를 가지고 있어서, 노예제가 돌봄이 필요한 노예에게 도움이 되는 친절한 제도라고 주장"했다(103쪽). 당대의 저명한 의학자였던 새뮤얼 카트라이트는 "흑인들은 신체적·정신적 결함으로 인해 백인이 감독하고 돌보지 않으면 살아남을 수 없다"고 주장하면서(126쪽), 이처럼 좋은 노예 상태에서 벗어나 북부로 달아나려는 흑인 노예들에게 '출분증出奔症, drapetomania'—그리스어로 '드라페테스drapetes'는 '달아나다'를, '마니아mania'는 '광기'를 뜻한다—이라는 정신장애 진단을 내린다. 또한 1820년대 매사추세츠주를 비롯한 미국의 여러 지역에서는 개인의 경제적 상태와 재산 관리 능력을 이유로 투표권을 제한했는데, 후견인의 보호하에 있는 사람은 재산을 관리할 수 없었기에 투표를 할 수 없었다. 동일한 논리가 여성에게도 적용되었다. 즉 남편에게 모든 재산 관리권이 위임되어 있던 여성 역시 일종의 '금치산자禁治産者'로 간주된 것이다. 이 지점에서 우리는 어떤 사람이 "법적으로 성년에 진입하고 난 후 재산의 관리와 관련하여 오성의 박약함을 보인다면, 그것이 그를 아동 혹은 치우[지적장애인]로 묘사하게 만든다면, 그는 국가이성에 의해 시민적 미성숙의 단계로 되돌려질" 수 있으며, 여성들은 "연령과 상관없이 …… 시민적 문제들에서 미성숙한" 존재라고 이야기했던 칸트의 논변을 떠올려볼 수도 있을 것이다.[12]

에이블리즘과 '능력 있는 몸able-bodiedness'을 준거로 한 장애, 인종, 젠더, 성적 지향의 억압적 교차가 가장 적나라하게 드러났던 역사적 장소 중 하나는 이민국 심사장이었다. 뉴욕의 엘리스섬 심사장에서는 '빈약한 체형poor physique'을 지녀 노동할 수 없다고 간주된 이들뿐만 아니라 재생산 능력이 없다고 규정된 동성애자와 인터섹스들의 입국이 거부되었다. 그리고 아시아 이민자들이 들어오던 샌프란시스코 에인절섬의 추방률은 유럽인들을 심사하던 엘리스섬보다 5배 이상 높았는데, 미국 국회 보고서는 "중국인들은 자치 정부를 위해 힘을 보태기에는 두뇌 역량이 부족하다"고 기록했다. 즉 중국인들의 신체가 민주주의를 지탱하기에는 "지나치게 장애too disabled가 있다"고 본 것이다(200~201쪽).

다른 한편 장애인과 소수자 혐오에 대한 이러한 교차의

역사를 고대사회로까지 거슬러 올라가 살펴볼 수도 있다. 고대 그리스에서도 여성이나 외국인의 시민권을 부정할 때, 장애와 젠더, 장애와 인종 간 모종의 관념연합association of ideas*이 작동했다. 예컨대 의사 집안에서 태어난 아리스토텔레스—그의 아버지는 마케도니아의 왕 필리포스 2세의 주치의였다—는 〈동물의 탄생De Generatione Animalium〉에서 여성을 "기형화된deformed"(즉 장애화된) 남성으로 기술했던 바 있다.[13]

또한 고대사회에서 장애인은 일종의 '괴물'로 표상되었는데, 로마의 박물학자 플리니우스(기원후 23~79)의 총 37권으로 구성된 대작 《박물지Natural History》는 괴물과 불가사의한 존재에 대한 상세한 묘사를 담은 동물학에 관한 5권의 책(7~11권)을 포함하고 있었다. 그는 늑대 인간과 악마의 눈을 가진 일리리아인Illyrian 같은 동물-인간 혼성체를 비롯한 이국적인 괴물 인종에 대해 기술했는데, 용어사전 형식의 이 책에 등장하는 괴물들은 당시 알려져 있던 세계의 가장 먼 가장자리에 위치한 나라, 야만인들과 미개인들이 거주하는 인도와 아프리카 지역 출신이었다.[14] 이러한 상상계가 일반적으로 작

---

* 철학이나 심리학에서 '관념연합'이란 일정한 법칙(예컨대 인접성contiguity, 유사성similarity, 대비contrast 등)뿐만 아니라 경험적 요인이나 사회적 관행 및 패러다임에 따라 하나의 관념이 다른 관념과 연결되는 것, 혹은 그런 과정을 말한다.

동했기에 빌 휴스는 고대사 연구자 벤저민 아이작을 따라 그리스·로마 문명을 '원형 인종주의proto-racism' 사회로 평가하고 있다.[15]

에이블리즘에 맞선 저항의 교차성

소수자들은 미국의 국가 형성 및 발전 과정에서 하나의 지배적 이념이 된 에이블리즘에 맞서 저항의 몸짓을 보였지만, 초기에는 그 에이블리즘의 패러다임에 갇혀 있기도 했다. 1848년 세니커폴스 여성권리회의에 참석한 백인 여성들은 "평등한 인권은 자신이 속한 인종 정체성에서 나오는 능력과 책임감에 기인한다"라고 결의했으며, 노예 출신의 노예제 폐지론자 프레더릭 더글러스는 "권리의 진정한 기반은 [인종이 아니라] 개인의 능력이다"라고 말했다(118쪽). 그리고 남북전쟁 당시 "노예 소유자들과 그들을 지지하는 지식인들은 노예제를 정당화하기 위해 장애 개념을 이용한 반면, 폐지론자들은 노예제에 반대하기 위해서 장애 개념을 이용했다"(127쪽). 즉 노예 소유자들은 앞서 언급했듯 흑인들이 장애가 있기 때문에 백인의 보호 아래 있어야 한다고 주장한 반면, 폐지론자들은 노예제 때문에 그들이 몸에 손상을 입고 무능력해진다고 맞섰던 것이다. 또한 미국 대공황 시기 농인 단체들은 장애인이 '고용될 수 없는unemployable' 이들로 분류되는 것에 반대하지 않았고, 다만 농인은 장애인이 아니라고 주장했다(247쪽).

그러나 1960년대 말 민권운동과 신사회운동new social movements이 활성화되면서 에이블리즘 자체에 맞선 투쟁이 서서히 조직된다. 그리고 다양한 소수자들의 교차적 저항의 장 역시 형성되는데, 그 대표적인 사례로 1977년의 〈재활법Rehabilitation Act〉 504조 투쟁을 꼽을 수 있을 것이다. 이 조항은 연방정부로부터 재정 지원을 받는 모든 활동과 프로그램에서 장애인 차별을 금지한다는 내용을 담고 있었으며, 이후 미국 장애인차별금지법인 〈미국장애인법Americans with Disabilities Act, ADA〉의 모태가 된다. 장애인들이 〈재활법〉 504조의 집행을 요구하며 샌프란시스코 보건교육복지부 사무실 점거 농성에 들어간 후 고립되자, 전국의 노동조합, 게이단체 '나비여단The Butterfly Brigade', 멕시코계 미국인인 치카노Chicano 운동가들, 약물 이용자들의 풀뿌리 단체, 그리고 전과자들의 풀뿌리 조직인 '딜란시 스트리트Delancy Street'가 이 농성에 연대했다. 특히 흑표범당Black Panther Party은 농성 중인 장애인들에게 따뜻한 식사를 매일 한 끼씩 제공했는데, "느슨하게 조직되었고 대부분 백인이었던 장애인권 운동 집단에게 블랙팬서의 흔들림 없는 연대활동은 감동적이고 인상적인" 경험을 제공해주었다(297쪽).

노동권과 탈시설,
장애해방을 향한 미완의 과제

앞서 언급했던 것처럼 유럽에서 형성되어 북아메리카 대륙으로 건너온 '장애'라는 개념의 핵심에는 노동 문제가 놓여 있었으며, 이러한 점은 《장애의 역사》에서 반복적으로 드러나고 또 언급된다.

1818년 제정된 미국 독립전쟁 연금법은 법적·사회적 복지의 범주에서 장애를 정의했다. 이 법에서는 19세기 초 장애의 정의에 따라 실명, 다리 절단, 마차 사고로 인한 손 부상 등의 손상으로는 장애인이 되지 않는다고 정했다. 연금법에 따르면 장애는 경제적으로 생산적인 노동을 할 수 없는 상태를 의미했다. (121쪽)

장애 연금 시스템은 점점 의학적 판단에 의존했는데, 그 시스템에서 장애는 육체노동을 할 수 없는 상태를 뜻했다. 따라서 장애인이 노동을 해서 임금이나 경제적인 보수를 받

을 경우 그것은 장애인의 정의와 충돌하는 논리적 모순을 야기했다. (172~173쪽)

LPC(공공의 부담이 될 것 같은Likely to become a Public Charge) 조항은 결함 있는 몸을 가진 사람들의 임금 노동이 불가능하다고 명백히 가정했다. …… 역사학자 더글러스 베인튼이 현명하게 지적했듯이, 이민국 관료들은 "노동하기에 적합하지 않은 이민자들을 배제하는 게 정당하다는 믿음"을 가지고 있었[다]. (207쪽)

이런 조건과 억압에 맞서 미국의 장애인들이 자신의 노동권을 주장하며 분투한 역사는 분명히 존재하지만, 그 투쟁은 에이블리즘의 강고한 벽과 시장의 논리를 넘어서지 못했다. 이동권, 교육권, 차별금지 등 여타의 권리 영역에서 한국보다 앞선 제도적 성취를 거두었음에도, 미국 장애인들의 고용률employment to population ratio은 경제협력개발기구OECD 평균 수준인 한국보다 높지 않다. 즉 노동이 상품으로 존재하는 자본주의 세계체제 내부에 일정한 파열구를 만들어내지 않는 한, 장애인 노동권의 확보는 상당히 오랜 기간 동안 미완의 과제로 존재할 수밖에 없을 것이다.

또한 신자유주의의 종주국이라 할 수 있는 미국사회의

탈시설이 처해 있는 현 상황은 (종종 하나의 선도적 사례로 언급되기도 하지만) 탈시설이 주요 의제로 부상해 있는 우리나라의 장애인운동에 일정한 고민과 함께 시사점을 제공한다.

> [탈시설 후] 운이 좋은 사람들, 특권층, 지지해주는 든든한 가족을 가진 이들은 자립생활센터, 지역사회정신건강센터, 지역사회 그룹홈에서 지원을 받으며 살아갔다. 그러나 나머지는 노숙자가 되어 거리에서 살거나, 심지어 그보다 더 많은 사람들이 교도소에 갔다. 교도소 수감은 정신장애가 있다고 여겨지는 가난한 사람들을 사회가 돌보는 주된 방법이 되었다. …… 투옥된 사람의 대다수는 빈곤층, 유색인종이었다. 탈시설운동은 많은 사람들이 희망했던 바를 다 이루지는 못했다. 그 운동이 성공하기 위해 필요했던 사회적 지원을 받지 못했기 때문이었다. (290쪽)

실제로 미국은 전 세계에서 가장 많은 수감자(200만 명 이상)가 존재하는 국가이며, 인구 대비 비율에서도 세계 1위이다. 인구 10만 명당 수감자 수가 700명을 넘어, 푸틴이 장기간 강권 통치를 이어가고 있는 러시아의 500명을 누르고 큰 격차로 1위를 차지했다.[16] 이런 상황으로 인해 미국에서는 탈시설이 발달장애인과 정신장애인을 거리로 내몬 무책임한

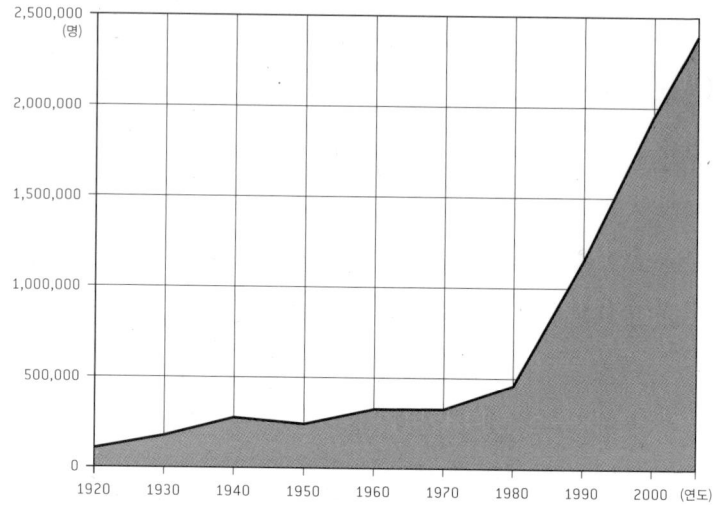

1980년 이후 미국의 인구는 43% 증가한 반면, 수감자 수는 400% 이상 급증했다.
(자료 출처: Justice Policy Institute Report: The Punishing Decade & U.S. Bureau of Justice Statistics Bulletin NCJ 219416 - Prisoner in 2006)

정책이며, 감옥이 소위 '새로운 광인수용소 new asylum'가 되었다는 주장이 제기되어왔다. 그리고 이 같은 '탈시설 → 홈리스 상태 → 수감'이라는 논변에 근거하여, 시설을 다시 늘려야 한다는 백래시가 나타나고 있다.[17]

그러나 《장애를 감금에서 해방시키기 Decarcerating Disability》(2020)의 저자 리아트 벤-모셰가 명확히 지적하고 있는 것처럼, "탈시설은 홈리스나 수감의 증가를 야기하지 않았다. 인종주의와 신자유주의가 민영화를 추진하고, 모든 서비스/복지 부분의 예산을 삭감하고, 저렴하고 접근 가능한 주택 및 사회서비스에 대한 자금 지원을 거의 또는 전혀 하지 않은 반면, (대부분 가난한 유색인에 대한) 교정, 치안, 처벌 예산을 급격히 늘림으로써 그 같은 감금의 증가를 초래했다".[18] 즉 미국의 수감자 수는 신자유주의가 전면화되기 시작한 1980년을 기점으로 폭발적으로 증가했으며, 그 이면에는 신자유주의적 감금 국가carceral state에 의해 추동된 '감산복합체prison-industrial complex'—교정시설의 민영화를 수반한 감옥과 산업의 복합체—의 등장이 자리하고 있다.[19]

다른 한편 미국사회의 탈시설운동 과정에서는 '시설 수용보다 지역사회에서의 자립이 더 적은 비용이 든다'는 논리가 광범위하게 동원되고 인정되었다. 그리고 1990년 제정된 〈미국장애인법〉의 전문前文에는 "장애인에 대한 국가의 본연의 목적은, 경제적 자기충족을 보장하는 것이다. …… 차별은 미합중국으로 하여금 의존과 비생산성으로부터 초래되는 수십억 달러의 불필요한 비용을 지불하게 한다"는 내용이 포함되었을 뿐만 아니라,[20] 조시 부시George H. W. Bush 대통령은 법안 서명 연설에서 "미국 장애인이 자립하지 못한다면, 이들을 지원하기 위하여 연방정부, 주, 지방자치단체, 민간은 연간 합계 2000억 달러의 비용을 부담하여야 합니다"라고 강조하기도 했다.[21] 이는 장애인의 탈시설과 자립이 미국사회에서 수용되던 당시의 시대적 조건과 지배세력의 의도를 반영한다. 미국 유학 중 자립생활운동을 접하고 귀국해 탈시설운동 조직 '인디펜던트 리빙 인 스웨덴Independent Living in Sweden'을 설립한 아돌프 라츠카는 이에 대해 "미국에선 자기결정권의 범위는 넓었지만 이를 뒷받침하는 복지는 부족했다. 이 또한 이상적인 환경은 아니다"라고 비판적으로 지적한 바 있다.[22]

이 지점에서 우리는 탈시설의 미국적 모델과 북유럽 모델의 차이를 잘 살피고 우리 나름의 전략과 경로를 수립하는 지혜를 발휘할 수 있어야 할 것이다. 또한 탈시설운동이란 단지 시설을 없애는 차원을 넘어, 시설을 필요로 하고 시설을 산출하는 지역사회 자체를 변혁하는 운동임을 다시 한번 되새겨야 할 것이다.

5장

장애해방운동의 역사와 향후 과제

해방운동으로서의 장애인운동

당연한 이야기일 수도 있겠지만, 모든 대중운동은 대중의 해방을 지향한다. 노동운동은 노동해방을, 빈민운동은 빈민해방을, 여성운동은 여성해방을, 성소수자운동은 성소수자해방을. 그러나 '해방'이란 다소 추상적인 개념일 수밖에 없기에, 그 해방의 실현태實現態에 대한 보다 구체화된 상을 지닐 수 있어야 한다. 예컨대 노동해방이란 계급 철폐로 표현될 수 있으며, 여성해방은 가부장제 철폐로 표현될 수 있을 것이다. 물론 이와는 또 다른 규정을 통해서도. 그렇다면 장애인운동에서 장애해방이란 어떻게 구체화될 수 있을까? 결국 이 질문에 대한 성찰과 답변이 〈장애해방운동의 역사와 향후 과제〉라는 조금은 무거운 제목을 단 이 장의 결론이 될 수 있지 않을까 싶다.

필자는 과거 한국 장애인운동의 역사를 주로 맹아기(1987년 이전)—태동기(1987~1993년)—대중화 및 단절기(1994~1998/2000년)—부활 및 전성기(2001~2007년)—전환 및 조정기(2008년 이후)로 구분하여 이야기해왔다. 이런 시기 구분은 일차적으로 현장 대중투쟁에서 구심적 역할을 수행했으며 변혁적 관점을 유지했던 단체의 소멸 및 생성을 기준으로 하고 있다. 즉 1987~1993년은 울림터 및 장애인운동청년연합회(약칭 장청)가, 1994~1998년은 전국장애인한가족협회(약칭 전장협)가, 2001~2007년은 장애인이동권쟁취를위한연대회의(약칭 장애인이동권연대) 및 전국장애인차별철폐연대 준비위원회가, 그리고 그 이후는 전국장애인차별철폐연대가 활동해온 시기라 할 수 있다.

다른 한편, 이러한 단체들의 흥망성쇠와 진보적 장애인운동의 역사는 한국사회 및 운동사회 전반의 변화와 무관하지 않다. 이 땅에 진보적 장애인운동의 씨앗을 뿌린 울림터와 장청이 활동한 시기는 1987년의 6월 항쟁과 7, 8, 9월 노동자대투쟁 이후로, 한국사회 사회변혁운동의 영향력이 가장 강성했던 때이기도 하다. 전장협이 출범했던 1993년과 소멸했던 1998년은 각각 '문민정부'의 출범과 'IMF 체제'로의 돌입으로 특징지어진다. 이 시기에는 형식적 민주주의의 제도화와 동구 사회주의 국가들의 몰락이라는 대내외 여건 속에서 사회변혁운동이 혼란을 겪고 축소되었으며, 이른바 '시민운동'의 흐름이 영향력을 확장해갔다. 장애인 이동권 투쟁을 시작으로 대중투쟁이 복원된 2001년 이후는 심화된 한국 자본주의의 위기 및 운동사회의 위기 속에서 모색되었던 다양한 대중운동의 실험들이 긍정적으로든 부정적으로든 자리를 잡은 시기다. 즉 운동사회 내에서 계급 적대의 중심성을 둘러싼 논쟁이 일정하게 정리 내지 봉합되면서, 다양한 영역의 운동과 의제들이 현실 운동에서 활성화될 수 있는 풍토가 형성된 시기라 할 수 있을 것이다.

이 장은 과거의 역사를 객관적으로 정밀하게 서술하기보다는, 장애해방운동의 향후 과제를 조명해보려는 목적을 지닌다. 따라서 운동의 흐름을 조금 더 단순화하여 크게 세 시기로 구분하고, 사회적으로 큰 영향력을 미쳤던 핵심 의제를 중심으로 그 역사를 간략히 개관해보고자 한다. (이런 이유로 일정한 생략과 의도적인 강조가 존재할 수 있다.) 그러고 나서 한국 사회의 장애인운동이 현재 어느 지점에 와 있으며, 장애해방을 향한 여정에서 어떤 과제에 직면해 있는지를 이야기해보고자 한다.

제1기: 노동권 중심의 변혁적 장애인운동의 구축과 단절
(1980년대 말~1990년대 말)

1980년대 말 한국사회의 변혁적 장애인운동은 〈장애인고용촉진 등에 관한 법률〉(약칭 장애인고용촉진법) 제정과 〈심신장애자복지법〉 전면 개정을 위한 이른바 '양대 법안 투쟁'을 전개하며 시작되었고, 그 이후에도 노동권 문제는 울림터, 장청, 전장협으로 이어지는 10년의 운동 과정에서 가장 핵심적인 이슈였다고 할 수 있다. 울림터 및 전국지체부자유대학생연합회(약칭 전지대련)는 양대 법안 투쟁의 과정에서 실질적인 투쟁 동력을 형성했으며, 전장협은 재계의 장애인고용촉진법 개악 시도에 맞선 대중투쟁을 적극적으로 조직하고(1994년, 1998년), 4월 20일 장애인의 날에 장애인 고용촉진 결의대회나 걷기대회 등을 개최하면서 장애인 노동권 문제에 주력했다.

다른 한편 장애인 시설 문제와 관련해서는 정립회관 민주화를 위한 두 차례의 점거 농성(1990년, 1993년)과 평택 에바다복지회 민주화를 위한 투쟁(1996~2003년) 등이 있었지만, 장애인 시설에 대한 님비Not In My BackYard, NIMBY 현상 대응 투쟁이 보다 중심을 이뤘다고 할 수 있다. 울림터와 전지대련 등 청년 학생들은 1998년 청량리 신망애복지회관 건립 반대에 대응해 1988년 6월 21일부터 7월 20일까지 한 달간 청량리1동 동사무소 점거 농성을 벌였으나, 결국 신망애복지회관은 마석으로 옮겨 건립될 수밖에 없었다. 또한 '양대 법안 투쟁' 후인 1991년에는 공립 특수학교인 천안인애학교 건립을 지역 주민들뿐만 아니라 해당 군청까지 반대하는 사건이 있었고, 이에 장애계는 '천안인애학교 사태 해결을 위한 공동대책위원회'(약칭 천안인애학교공대위)를 구성해 투쟁을 벌여 입지 승인을 받아냈다. 천안인애학교공대위의 후신이라 할 수 있는 '장애인복지를 위한 공동대책위원회'는 1992년에 성동장애인종합복지관 건립 반대에 대응하는 투쟁을 벌였고, 이후 1994년의 〈특수교육진흥법〉 전부 개정 운동에서도 중심적 역할을 수행하게 된다.

대중운동과 결합된 열사 투쟁으로는 1984년의 김순석 열사 투쟁과 1995년의 최정환·이덕인 열사 투쟁이 중요하게 평가된다. 서울시장 앞으로 '거리의 턱을 없애달라'는 내용의 유서를 남기고 스스로 목숨을 끊은 김순석의 죽음은 장애인 이동권 문제를 사회적으로 알려낸 최초의 항거로 평가되며, 정립회관을 이용하는 대학생들의 모임인 대학정립단이 주도한 '장례식 투쟁'도 사회구조적 인식을 바탕으로 한 조직적 저항의 의미를 지닌다고 할 수 있다. 장애인 노점상 최정환의 분신과 공권력에 의한 이덕인의 참혹한 죽음은 문민정부 출범 이후 위축되고 분산되어 있던 민중운동 진영의 결집을 이끌어내는 계기가 되었으며, 전장협과 전국노점상연합회는 최정환의 분신 이후 장애인자립추진위원회를 결성해 공동의 투쟁을 도모하기도 했다.

제2기: 기본권 중심의 전투적 자립생활운동과 부모운동의 성장
(2001〜2007년)

1998년 전장협이 한국장애인연맹(한국DPI)으로 흡수 통합되면서 사실상 소멸 직전까지 갔던 장애인운동의 현장 대중투쟁은 2001년 '이동권' 투쟁을 계기로 다시 뜨겁게 부활했다. 그리고 중증장애인이 중심이 된 장애인이동권연대의 활동은 일종의 연쇄 반응을 일으키며 다양한 대중투쟁을 폭발시켰다. 그중에서도 발달장애인 부모들을 중심으로 전개된 장애인 '교육권' 운동, 장애계 전체가 연대체를 구성해 진행한 '장애인차별금지법' 제정 운동, 그리고 6시간 반에 걸친 한강대교 기어 건너기 투쟁으로 상징되는 '활동지원서비스' 제도화 운동은 장애와 관련된 한국사회의 법적·제도적 틀을 크게 변화시켰다.

　이 7년의 시기 동안 성취된 네 가지 주요 법적·제도적 변화, 즉 〈교통약자의 이동편의 증진법〉 제정(2005), 〈장애인 등에 대한 특수교육법〉 제정(2007), 〈장애인차별금지 및 권리구제 등에 관한 법률〉(약칭 장애인차별금지법) 제정(2007), 장애인 활동지원서비스의 전국적 시행(2007)은 서구의 장애인운동이 대략 20여 년 동안 이루어낸 것과 맞먹을 정도로 대단히 큰 성과이자 압축적인 변화이기도 했다. 다른 한편 이 시기의 활발한 대중투쟁은 제도적 성과만이 아니라 조직적 성과로도 이어졌다. 장애인이동권연대의 투쟁은 2007년 전장연이라는 상설 투쟁체의 건설로, 장애인교육권연대의 투쟁은 2008년 전국장애인부모연대의 건설로 이어졌으며, 장애인 자립생활운동의 거점 조직인 한국장애인자립생활센터협의회와 교육·생활·운동의 공동체라 할 수 있는 장애인야학의 연대체인 전국장애인야학협의회도 각각 2003년과 2004년에 결성되었다.

　시설 문제와 관련해서는 2002년 6월 발표된 정부의 '미신고 복지시설 종합관리 대책'(미신고 시설 양성화 정책)에 대응하는 과정에서 장애인 시설들의 참혹한 인권 유린과 비리가 속속 밝혀지면서, 공익이사제 도입을 핵심으로 하는 〈사회복지사업법〉 개정 및 공공성 확보를 위한 투쟁이 중심을 이루었다. 2003년 말 결성된 '조건부신고복지시설 생활인 인권확보를 위한 공동대책위원회', 2006년 1월 결성된 '사회복지시설 생활인 인권확보를 위한 연대회의', 2006년 7월 결성된 '성람재단 비리척결과 사회복지사업법 전면개정을 위한 공동투쟁단'(약칭 성람공투단)은 이러한 시설 '민주화' 운동을 전개해나가는 중심 틀이 되었다. 다른 한편 노동권과 관련해서는 장애인고용장려금 축소에 대한 반대 활동이 있었고(2003년 말~2004년 초), 장애인 의무고용률 상향 조정, 장애인 최저임금 적용제외 조항 철폐, 지원고용 제도와 근로지원인 제도 확대 등이 420장애인차별철폐공동투쟁단의 요구안으로 제출되기는 했으나, 실질적이고 유의미한 투쟁은 사실상 공백 상태에 있었다고 볼 수 있다.

이 시기의 열사 중에서는 중증장애인이자 여성이자 빈민이었던 최옥란 열사의 삶과 투쟁이 중요하게 평가된다. 2001년 말 명동성당 앞에서 최저생계비 현실화 농성 투쟁을 진행한 이후 2002년 봄 그는 유명을 달리했다. 그의 죽음 이후 농성단에 참여했던 단체들은 '기본생활권 쟁취와 국민기초생활보장제도 현실화를 위한 연석회의'를 구성해 활동을 이어갔고, 이 연석회의는 2004년 '빈곤해결을 위한 사회연대'(현 빈곤사회연대)로 전환하게 된다. 또한 진보적 장애인운동 진영은 2005년부터 최옥란 열사의 기일인 3월 26에 맞춰

420장애인차별철폐투쟁의 시작을 알리는 전국장애인대회를 개최하고 있다.

제3기: 개별적 권리를 넘어선 시스템 전환을 위한 투쟁 (2008년 이후)

한국사회의 장애인 복지는 장애등급(1~6급)과 가구소득수준(수급권자, 차상위 120%, 150% 등)이 각각 X축과 Y축으로 기능하면서, 그 좌표값에 따라 제공받을 수 있는 서비스와 급여가 획일적으로 결정·제한되는 체계를 지니고 있었다. 이런 시스템의 문제는 장애 관련 서비스와 급여가 매우 빈약했던 과거에는 잘 가시화되지 않았으나, 2007년 활동지원서비스가 전국적으로 시행되고 2010년 하반기 장애인연금이 제도화되면서(이 양자가 전체 장애인 복지 예산에서 차지하는 비중은 대략 70%에 달한다) 그 폭력성이 적나라하게 드러났다.

전장연은 2010년 9월 국민연금공단 장애심사센터 점거 농성을 시작으로 본격적인 대응에 나섰고, 이후 2012년 8월에는 빈곤사회연대와 함께 장애등급제·부양의무제폐지공동행동을 구성하여 광화문역 지하보도에서 기약 없는 농성 투쟁에 돌입하게 된다. 농성이 진행되는 동안 활동지원사가 없는 사이 발생한 화재로 2012년 10월 김주영이 사망했고, 11월에는 박지우·박지훈 남매가 불타 죽었으며, 2014년 4월 송국현이 또 불타 죽었다. 그리고 바로 며칠 뒤에는 근육장애인 오지석이 연결 부위가 빠져버린 호흡기를 바로잡아줄 이가 곁에 없어 죽어갔다. 부당한 수급권 탈락으로 벼랑 끝에 내몰린 박진영이 2013년 목숨을 끊었고, 2014년에는 부양의무제의 또 다른 피해자인 '송파 세 모녀'가 극심한 생활고에 시달리다 생을 달리하기도 했다. 이 억울한 죽음에 맞서 싸우고 거리에서 수많은 날을 보내면서, 농성 투쟁은 2017년 9월 5일까지 1842일간 진행되었다.

이러한 끈질기고도 치열한 투쟁을 통해 장애등급제 폐지와 부양의무제 폐지를 위한 민관협의체가 각각 별도로 구성되었고, 장애등급제는 2019년 하반기부터 단계적 폐지 수순에 들어갔다. 그러나 장애인운동이 요구해왔던 실질적 변화를 뒷받침할 수 있는 예산은 수반되지 않았고, 2020년 8월 발표된 〈제2차 기초생활보장 종합계획〉(2021~2023)에서도 의료급여에 대한 부양의무자 기준은 존치되었다.

시설 문제와 관련해서는 2008년 '석암재단 생활인 인권쟁취를 위한 비상대책위원회'(약칭 석암비대위)와 성람공투단이 함께 '사회복지시설 비리척결과 탈시설권리 쟁취를 위한 공동투쟁단'(약칭 탈시설공투단)을 결성하고 서울시를 상대로 농성 투쟁을 진행하면서, 과거의 시설 민주화를 넘어선 탈시설 투쟁의 서막을 알리게 된다. 특히 2009년 여름 시설에서 나온 석암비대위 활동가 8명(일명 마로니에 8인)은 마로니에공원과 국가인권위원회에서 벌인 62일간의 농성 투쟁을 통해 장애인전환서비스지원센터 신설, 자립생활가정 및 체험홈 도입, 퇴소정착금 제공 등의 성과를 만들어냈다. 이후 서울시는 2013년에 〈서울시 장애인 인권증진 기본계획〉의 일환으로, 서울시 관할 거주시설 인원 3000명의 20%인 600명을 5년에 걸쳐 탈시설시킨다는 '탈시설 5개년 계획'(2013~2017)을 수립해 추진했으며, 2019년 마련된 〈제2기 서울시 장애인 인권증진 기본계획〉(2019~2023)에서는 탈시설 목표 인원을 800명으로 확대했다.

다른 한편 노동권과 관련해서는 전장연이 2017년 11월 21일부터 2018년 2월 13일까지 85일간 한국장애인고용공단 서울지사 점거 농성을 진행했는데, 이 농성의 핵심 요구안은 공공시민노동* 개념에 기반을 둔 '중증장애인 공공일자리' 1만 개 보장이었다. 하지만 이후 고용노동부와의 협의 속에

---

*   이에 대한 자세한 내용은 7장 '공공시민노동의 문제의식과 기본적 내용' 절(173~182쪽)을 참조하라.

서 마련된 동료지원가 일자리는 성과 중심의 취업지원 사업(중증장애인 지역맞춤형 취업지원 사업)으로 변질되어버렸고, 그 왜곡된 정책 속에서 뇌병변장애인 노동자 설요한이 실적의 압박에 시달리다 목숨을 끊고 말았다. 그러나 2019년 420장애인차별철폐투쟁의 성과로 2020년 7월부터 '권리중심 중증장애인 맞춤형 공공일자리'(약칭 권리중심 공공일자리) 260개가 서울시에서 처음 시행되었다. 권리중심 공공일자리는 장애인 권익옹호 활동, 장애인 인식개선 활동, 문화예술 활동을 3대 주요 직무로 하고, 최중증장애인을 대상으로 하되 탈시설 장애인에게 우선권을 부여하며, 최저시급을 보장하는 일자리다. 이후 이 같은 형태의 일자리는 경기, 인천, 강원, 춘천, 경남, 전남, 전북, 제천 등 각 지방자치단체로 확대되어 2023년 전국적으로 1300여 개까지 늘어났으나, 서울시의 경우 전장연의 출근길 지하철 행동을 빌미 삼아 2024년부터 권리중심 공공일자리 사업을 전면 폐기했다.

향후 과제: 시설사회의 철폐와 만인을 위한 노동사회의 구축

이 장의 서두에서 '장애인운동에서 장애해방이란 어떻

게 구체화될 수 있을까?'라는 질문을 제기한 바 있다. 이에 대해 필자는 장애해방의 '잠정적' 실현태를 시설사회의 철폐와 만인을 위한 노동사회의 구축(장애 배제적 노동사회의 철폐)으로 상정할 수 있지 않을까 생각한다. 이는 노동 및 시설 문제가 '장애인'이라는 개념 자체의 생성과 역사적으로 맞물려 있는 매우 근본적인 의제이기 때문이다.

자본주의의 형성기, 즉 본원적 축적기는 토지에서 쫓겨났지만 새로운 공장 체제에 편입되지 못했던(혹은 이를 거부했던) 소위 '부랑자vagabondage'가 대량으로 양산된 시기였으며, 국가는 이들을 임노동 관계로 포섭하기 위한 강제수용 및 훈육 정책을 실시하게 된다. 서구 사회복지의 역사에서 등장하는 '구빈원workhouse'은 사실 이 같은 목적에서 만들어진 일종의 강제노동 수용소였다고 할 수 있다.

그런데 구빈원에서는 효과적인 훈육과 나태의 방지를 위해 일정 시점부터 수용자들을 분류하는 작업에 착수하게 된다. 핵심적인 목표는 일할 수 없다고 간주된 사람들을 일할 수 있지만 하지 않으려는 사람들로부터 분리시키는 것이었다. 이 과정에서 병자, 광인, 심신결함자defective, 노약자 등에게 'the disable-bodied'(일할 수 없는 몸)라는 꼬리표를 부여했으며, 이런 범주에 들지 않는 사람들에게는 잔여적인 방식으로 'the able-bodied'(일할 수 있는 몸)라는 꼬리표를 부여하고 노동능력자로 간주했다. 노동능력자들은 구빈원에 남겨졌지만, 일할 수 없는 몸을 지녔다고 여겨진 사람들은 별도의 시설로 보내졌다. 구빈원은 공장에 인력을 공급하는 역할을 했으므로 주로 도시 근처에 지어졌으나, 그 별도의 시설은 소위 '산 좋고 물 좋은' 곳에 자리 잡게 된다. 즉 근대사회로의 전환기에 생겨난 '장애인'이라는 개념은 새로운 형태의 자본주의적 노동 체제에서 배제당한 사람들을 가리킨 범주였으며, 그들이 보내졌던 별도의 시설이 바로 장애인 시설의 기원을 이룬다.[1]

    이러한 역사적 배경을 이해하게 되면, 우리는 1980년대 말 변혁적 장애인운동을 태동시킨 1세대 활동가들이 노동권 문제를 중심에 두고 투쟁을 펼쳐나가게 된 맥락과 이유를 어렴풋이 짐작할 수 있다. 그리고 한국의 거의 모든 장애인권 및 장애인 복지 관련 지표들이 OECD 회원국 중 최하위권에 머물러 있음에도, 35% 내외에 불과한 장애인 고용률만은 OECD 국가 평균보다 낮지 않은 현실도 이해할 수 있다. 장애인을 "신체적·정신적 손상으로 인해 실질적인 소득 활동에 참여하지 못하는 자"로 정의하는 미국의 〈사회보장법〉에서 확인할 수 있듯, 능히 일할 수 있는 자는 그 정의상 장애인이 아니다. 따라서 '장애인의' 노동권이란 자본주의 사회에서 일종의 형용모순이 된다. 결국 장애인의 노동이 보편적

권리로 보장되는 것은 자본주의적 노동 시스템의 근본적인 변환transformation이 수반될 때에만 도달할 수 있는 목표라 할 수 있다.

시설 문제 역시 그 근원에서부터 근대 자본주의 체제가 장애인을 통치하는 방식과 매우 긴밀하게 연결되어 있는 사안이다. 우리가 시설사회를 '장애인의 삶의 공간과 양식을 비장애 중심 세계와 분할하고 격리하는 시스템을 지닌 사회'로 정의한다면, 설령 물리적 시설이 존재하지 않는다 하더라도 그와 같은 분할·격리 시스템이 작동하고 있을 경우 시설사회라 할 수 있다. 예컨대 시설 밖 장애인들도 〈장애인차별철폐투쟁가〉의 첫 소절 가사처럼 "수십 년 세월을 골방에 갇혀" 있을 수 있으며, 그들이 시설 입소를 '희망하는' 대기자 집단을 이루게 된다. 시설은 지역사회와 전적으로 분리된 하나의 예외적 공간이라기보다는, 장애인의 삶을 다루고 구성하는 그 사회의 어떤 속성이 표현되는 장소인 것이다. 이런 맥락에서 유엔 장애인권리위원회Committee on the Rights of Persons with Disabilities의 〈자립생활과 지역사회 포함에 관한 일반논평 5호〉(2017) 역시 "지역사회 내의 자립적인 삶으로부터 고립 및 분리되고, 일상의 결정에 대한 통제권을 갖지 못하며, 누구와 함께 살지를 선택할 수 없고, 개인의 의지 및 선호와 무관하게 정해진 일과를 따라야" 하는 조건에 놓여 있다면 "개인의 가정

도 …… 시설화된 환경institutionalized setting"에 해당한다는 것을 명시하고 있다.²

그리고 이런 시각에서 보면 우리가 탈시설/탈원화 deinstitutionalization의 모범 사례로 꼽는 북유럽의 노르웨이와 스웨덴, 그리고 이탈리아도 아직 완전한 의미에서의 탈시설사회라고는 할 수 없을 것이다. 그런 나라들에도 공적 자금이 투여되는 거주시설과 정신병원이 없을 뿐 민간이 운영하는 거주시설과 정신병원은 하나의 사회 시스템으로서 존재하며, 장애인의 삶에 대한 에이블리즘적 분할이 여전히 작동하고 있기 때문이다. 북미의 경우에도 한국보다 앞서 탈시설운동이 진행되었고 많은 장애인들이 거주시설과 정신병원에서는 벗어날 수 있었다. 하지만 장애인의 삶을 형성하는 사회구조 및 문화의 근본적 전환이 이루어지지 않고 신자유주의적으로 재편되면서, 탈시설한 장애인들 중 일부는 다시 감옥이나 구금소detention center 등에 재감금되고 있다.

이 같은 분석을 통해 우리는 한국사회의 장애인운동이 지난 40여 년의 시간을 거쳐 현재 어디에 와 있는지를 가늠해볼 수 있다. 1980년대 말부터 시작된 1기 장애인운동은 노동 이슈를 중점적으로 제기했으나, 자본주의 시장 시스템 내에서 장애인의 지분을 확보―고용할당제를 통한 노동시장 참여―하는 전략 이상으로 나아가지는 못했다는 한계를 노

표 1 한국사회 장애해방운동의 흐름

		제1기 (1980년대 말 ~1990년대 말)	제2기 (2001~2007년)	제3기 (2008년 이후)
핵심 의제	일반	심신장애자복지법 개정	이동권, 교육권, 활동지원서비스, 장애인차별금지법	장애등급제 폐지, 부양의무제 폐지
	시설	님비 현상 대응 투쟁	시설 민주화 투쟁	탈시설
	노동	장애인고용촉진법 제정	사실상 공백	공공시민노동 (권리중심 공공일자리)
주요 주체		경증 신체장애인	중증 신체장애인, 장애인 부모	중증 신체장애인, 장애인 부모, 발달장애인, 정신장애인
운동 담론		계급 담론	자립생활 담론	장애학 담론 (사회적 장애 모델)

정했다. 또한 시대적 조건으로 인해 경증 신체장애인 주체들이 중심이 되었기에, 중증장애인 대중들(중증 신체장애인, 발달장애인, 정신장애인)의 기본권을 중심적 의제로 삼아 대중투쟁을 전개하기에는 어려움이 있었다고 할 수 있다.

반면 2기 장애인운동은 7년이라는 시간 동안 이동권, 교육권, 사회서비스, 차별금지 등의 기본권 영역에서 급속하고도 눈부신 성과를 만들어냈고, 운동의 주체 역시 중증 신체장애인과 장애인 부모로 확장되었다. 그리고 이런 성과가 밑바탕이 되었기에 3기 운동에서는 운동의 주체를 좀 더 확장하면서, 시설 문제에서는 '님비 현상 대응 투쟁'과 '시설 민주화 투쟁'을 넘어선 '탈시설 투쟁'으로, 노동 문제에서는 '노동시장 참여'를 넘어 '노동권의 공적 보장'을 제기하는 단계로 진전할 수 있게 되었다.

하지만 어쩌면 지금부터야말로 진정 어려운 싸움일 수 있다. 시설사회의 철폐와 만인을 위한 노동사회의 구축이 장애해방과 직접적으로 연결되어 있는 사안이라는 것은, 이 두 사안이 또한 체제의 전환과 일정하게 연동되어 있음을, 따라서 제대로 된 가시적 성과를 만들어내기가 결코 쉽지 않을 수 있음을 의미하기 때문이다. 한국에서 탈시설 투쟁이 시작된 지 이미 15년이 넘었음에도 중앙정부 차원의 탈시설 정책이 전무한 상황, 그리고 권리중심 공공일자리가 여전히 기존 복지 일자리의 확장 정도로 취급되고 있는 현실은 이러한 어려움의 한 단면을 보여준다.

서구사회의 경우 68혁명 이후 활성화된 신사회운동의 흐름 속에서 대중적 장애인운동이 본격적으로 등장했는데, 지속적인 대중투쟁의 형태를 띤 가장 뚜렷한 운동의 족적을 남긴 나라는 미국이라 할 수 있다. 영국의 〈장애차별금지법 Disability Discrimination Act, DDA〉(1995) 제정 운동은 〈미국장애인법〉(1990)으로부터 직접적인 영향을 받았고, 1974년의 프랑크푸르트 트램(노면전차) 봉쇄 투쟁과 1981년의 '국제 장애인의 해'

반대 시위 등을 조직한 독일 장애인운동의 리더 구스티 슈타이너(1938~2004)*도 자신이 미국의 장애인 민권운동과 자립생활운동으로부터 영향을 받았다고 말한 바 있다. 우리나라의 장애인이동권연대가 벌인 버스 점거 투쟁 역시 미국 어댑트ADAPT**의 활동에서 일정한 영감을 받았다.

그러나 미국의 주류 장애인운동은 이념적으로 자유주의적 시민권운동 내지 소비자운동의 한계를 넘어서지 못했고, 1990년을 기점으로 점차 제도권에 포섭되는 과정을 겪게 된다. 미국의 페미니스트 정치철학자 낸시 프레이저는 신민주당 정권(빌 클린턴과 버락 오바마 정권) 시기의 '진보적 신자유

---

*   그는 '민주주의 역사의 장소 재단AG Orte der Demokratiegeschichte'이 선정한, 지난 200년간 독일 '민주주의를 이끈 100인100 Köpfe der Demokratie' 중 한 명이기도 하다. https://www.demokratie-geschichte.de/koepfe/3740

** 1983년 설립된 ADAPT는 처음에는 'Americans Disabled for Accessible Public Transportation'(대중교통 접근권을 위한 미국장애인연대)의 두문자 약어였고, 휠체어 이용 장애인이 탑승 가능한 대중버스를 쟁취하기 위한 이동권 투쟁을 치열하게 전개했다. 그러다 〈미국장애인법〉이 제정되면서 이동권 영역에서 일정한 성과를 거둔 후, 1990년부터는 ADAPT가 'American Disabled for Attendant Program Today'(활동지원 프로그램 개혁을 위한 미국장애인연대)의 약어를 의미하게 되었고, 메디케이드Medicaid의 재정이 거주시설이 아닌 활동지원 서비스에 더 많이 할당될 수 있도록 제도 개혁을 추구하면서 탈시설운동에 집중했다. 창립 40주년을 맞은 2023년을 전후해서는 특정한 이슈를 위한 조직이 아닌 장애인권 전반에 대한 운동 조직으로서의 정체성을 확고히 하면서, ADAPT는 이제 약어가 아닌 단체의 정식 명칭이 되었다.

의 progressive neoliberalism'를 신랄하게 비판하면서, 신사회운동의 주류인 자유주의적 분파의 협력과 동맹이 있었기에 이 진보적 신자유주의라는 헤게모니 블록이 가능했다고 진단한다.³

장애인운동 역시 그 블록의 일부가 되었다고 볼 수 있는데, 미국 장애인운동의 대모라 불리는 주디스 휴먼의 삶의 궤적이 이를 간접적으로 보여준다. 휴먼은 〈미국장애인법〉 제정 이후 클린턴 정권에서는 '특수교육 및 재활 서비스국 차관보'(1993~2001년)로, 오바마 정권에서는 '국제 장애인 인권에 관한 특별 보좌관'(2010~2017년)으로 일했으며, 그 사이 (2002~2006년)에는 국제통화기금 IMF과 더불어 초국적 신자유주의 기구의 양대 축을 이루는 세계은행 World Bank의 '장애와 개발 자문위원'을 역임하기도 했다.⁴ 그의 삶과 투쟁은 충분히 존중받아 마땅하고 한 개인의 삶에서 그 같은 경력을 도덕적으로 비난할 이유는 없겠지만, 인생 후반부 대부분을 민주당 정권의 관료로 지낸 인물이 장애인운동의 '대모'로 불릴 수 있다는 것은 미국 장애인운동의 현재에 대한 비판적 평가를 가능케 한다.

일본의 장애인운동 역시 "우리의 신체성身體性 자체가 자본주의를 부정하고 있다"는 정치적 슬로건을 내걸고 1970년대에 활발한 투쟁을 벌인 푸른잔디회青い芝の会 등의 급진적 장애인운동과* 1976년 결성된 전국장해자해방운동연락회의全

国障害者解放運動連絡会議의 활동 이후, 1980년대에는 미국식 자립생활운동의 이념과 활동 방식이 일반화되면서 현장 대중투쟁은 거의 소멸되는 과정을 겪었다고 할 수 있다.

따라서 전장연을 중심으로 한 한국의 진보적 장애인운동이 이와 다른 역사를 써나가기 위해서는, 급박한 현장 투쟁에 쫓기는 가운데에도 보다 장기적인 시각에서 운동의 목표와 전략을 수립하고 사회 전반의 변환을 위한 연대를 구축하면서, 그 '진보적' 정체성을 유지·발전시켜나가는 지혜를 발휘할 수 있어야 할 것이다.

---

*   푸른잔디회는 ▲우리는 스스로가 뇌성마비자임을 자각한다. ▲우리는 강렬한 자기주장을 행한다. ▲우리는 사랑과 정의를 부정한다. ▲우리는 문제 해결이라는 길을 선택하지 않는다. ▲우리는 정상인 문명을 부정한다는 5대 행동 강령을 채택하고 있었다. 이 단체의 구체적인 정치적 견해와 투쟁 활동에 대해서는 아라이 유키, 《장애인 차별을 다시 생각하다: 뇌성마비 장애인 운동단체 푸른잔디회의 장애해방운동》, 문민기 옮김, 두번째테제, 2025를 참조하라.

6장

장애인 개인예산제, 무익하거나 혹은 나쁘거나

지난 윤석열 정부하에서 장애인들의 삶과 권리는 이동권, 교육권, 노동권, 사회서비스, 탈시설 등 모든 영역에서 답보 상태를 넘어 후퇴를 거듭했다. 이런 상황은 다양한 맥락에서 검토될 수 있겠지만, 무엇보다 이 정부의 정책 기조가 철저히 신자유주의에 기반을 두었기 때문이다. 김대중, 노무현, 문재인 대통령으로 이어진 민주당 정권 역시 신자유주의를 추종했지만, 이들 정권이 신자유주의 정책을 추진할 때 내세웠던 표면적 명분과 핑계는 권력이 이미 시장으로 넘어갔기 때문에 '어쩔 수 없다'는 것이었다. 반면 윤석열 정부의 신자유주의는 '이것이 최고의 선^善이다'라는 확신과 신념에 기반했다. 이 같은 윤석열 정부가 대통령 선거 시기부터 전면에

내세운 대표적 장애 정책이 바로 장애인 '개인예산제personal budgets'이다. 2024년 5월 9일에 있었던 취임 2주년 국민보고 및 기자회견에서 장애와 관련하여 유일하게 언급한 의제도 바로 개인예산제였다.¹

개인예산제란 한 명의 개인에게 제공될 사회서비스의 총량이 정해지면, 그 예산 내에서 어떤 서비스를 얼마나 이용할지를 해당 개인이 자유롭게 정할 수 있도록 하는 시스템이다. 그리고 이와 연동하여 자주 등장하는 '서비스 현금지급제cash for care'는 활동지원서비스 등의 사회서비스를 현물이 아닌 현금으로 지급하여, 서비스 이용자가 시장 또는 유사시장quasi-market*에서 직접 구매할 수 있도록 하는 제도를 말한다.

논의를 위해 확인해두어야 할 것

개인예산제는 영국을 비롯한 유럽 각국, 북미, 호주 등에

---

* 유사시장은 민간부문의 소위 자유시장free market과 구분되는 일종의 계획시장planned market을 말한다. 소비되는 서비스의 비용을 실제 수요자가 아니라 제3자인 정부가 지불한다는 점, 그리고 공급자가 시장에 진입하기 위해서는 일반적으로 정부의 허가가 필요하다는 점에서 전통적인 자유시장과 구분된다.

서 2000년대에 본격적으로 제도화되기 시작했다. 우리나라에서는 2023년 하반기 서울 마포구, 경기 김포시, 세종시, 충남 예산군에서 모의적용 사업이 이루어졌으며, 2024년부터 2026년까지 시범사업을 거쳐 2027년에 본사업이 시행될 예정이다.**

캐서린 니덤과 헬렌 디킨슨은 개인예산제가 여러 국가들에서 호응을 얻게 된 것이 현대사회의 중요한 두 가지 정책 서사policy narrative, 즉 신자유주의적 공공부문 개혁과 인권 담론이 잘 엮여 있기 때문이라고 평가한다.[2] 신자유주의와 인권의 결합이란 마치 '따뜻한 아이스 아메리카노'처럼 매우 모순적인 말이지만, 이런 평가는 아마도 일정한 역사적 사태를 반영하고 있을 것이다. 지난 40년간 신자유주의는 노골적으로든 소위 '제3의 길'이라는 수사 속에서든 유럽과 북미 대다수 국가들에서 정책적 헤게모니를 행사해왔고, 소수자들의 인권과 다양성을 신자유주의적 정책 추진을 정당화하는 외피로 활용하기도 했기 때문이다. 또한 탈근대 담론의 부상과 소위 '문화적 전회cultural turn' 속에서 사회운동의 자유주의적 분파 역

** 이재명 정부의 대통령 직속 국정기획위원회가 2025년 8월 13일 발표한 〈국정운영 5개년 계획(안)〉에는 123대 국정과제가 담겼고 그중 79번 과제가 '장애인 삶의 질 향상과 기본적 권리보장'인데, 여기에 "장애인 개인예산제 본사업 추진"이 명시되었다.

시 이러한 신자유주의의 거대한 물결에 조응해왔던 측면도 존재한다.

다른 한편 윤석열 전 대통령의 취임사에는 "인류 역사를 돌이켜보면 자유로운 정치적 권리, 자유로운 시장이 숨 쉬고 있던 곳은 언제나 번영과 풍요가 꽃 피었습니다"라는 문장이 나오는데,[3] 이는 신자유주의의 주요 사상적 원천 중 하나인 미국 시카고학파의 거두 밀턴 프리드먼의 《자본주의와 자유 Capitalism and Freedom》(1962)[4]에서 따온 것이다. 그리고 윤석열은 프리드먼의 또 다른 저서 《선택할 자유 Free to Choose》(1979)[5]가 자신의 가치관 형성에 가장 큰 영향을 끼친 소위 '인생 책'이라고 여러 차례 자랑스럽게 언급한 바 있다. 그러고 보면 '자유로운 시장'과 '선택할 자유'를 금과옥조처럼 여기는 그가 '소비자의 선택권'을 증진한다는 사회경제적 명분을 지닌 개인예산제를 적극적으로 추진한 것은 매우 자연스러운 일일 것이다.

니덤과 디킨슨 외에도 많은 논자들이 지적한 것처럼, 서비스 현금지급제와 연동된 개인예산제는 1980년대부터 시작된 신자유주의적 복지 개혁을 사회정치적 배경으로 하고 있다. 서구사회에서는 '국가와 공공 영역을 중심'으로 하여 '현물서비스를 기반'으로 구축되어 있던 사회서비스 영역을 민간 중심의 시장 시스템으로 개편하는 과정에서 현금지급제 및 개인예산제가 도입되기 시작했다. 이 양자의 제도는 흔히 소비자주의consumerism라는 이념에 따라 '공급자 중심에서 이용자 중심으로의 전환'이라는 원리에 기반을 둔다는 점을 강조하곤 하지만, 이는 절반만을 이야기한 것에 지나지 않는다. 현금지급제와 개인예산제에서 더 핵심적인 지점은 공급자라는 항項 내에서 이루어진 '공공 중심에서 민간 중심으로의 전환'이다.

여기서 우리는 우선 다음과 같은 두 가지 사항을 확인해 둘 필요가 있다. 첫째, 제2차 세계대전 이후 복지국가를 건설하는 과정에서 공공 중심의 복지시스템을 구축했던 서구사회와 우리나라는 그 제도적 토대가 매우 다르다. 둘째, 현금지급제와 개인예산제는 일정하게 연동되어 도입되기는 했지만, 그 의미와 효과 면에서 서로 구분되는 시스템이다. 원리적으로 이야기하자면, 개인예산제는 현금지급제 없이도 구축될 수 있고, 역으로 개별 서비스를 현금지급제로 운영한다 해도 개인예산제라는 시스템을 도입하지 않을 수 있다. 이 양자의 문제에 대해서는 이후 논의를 전개하는 과정에서 좀 더 상세히 언급하고자 한다.

장애인 개인예산제의 무익함과 해로움

1) 소위 '예산 효율화'의 여지조차 없는 한국의 상황

개인예산제에 대해 이야기를 하다 보면, 사람들이 머릿속에 저마다 각기 다른 그림을 그리고 있어서 제대로 된 토론을 진행하는 데 어려움이 있다는 사실을 깨닫게 된다. 맥락은 좀 다르지만, 한국사회에서 많은 논쟁이 이루어진 기본소득제basic income의 경우에도 구체적인 설계도를 두고 이야기하지 않으면 논의가 얼마간 추상적인 수준에 그칠 수밖에 없다. 이는 기본소득제가 우파적 버전에서 좌파적 버전까지 매우 넓은 스펙트럼을 지니며, 핵심적으로는 기본소득의 액수를 어느 수준에서 정하고 재원을 어떻게 조달하느냐에 따라 매우 상이한 효과를 내기 때문이다.

많은 나라들에서 현금지급제/개인예산제를 중심으로 정부와 장애계 간에 모종의 타협이 이루어졌던 이유 중 하나는 예산 집행의 효율화에 있었다. 즉 정부 쪽에서는 더 적은 비용으로 동일한 양의 서비스를 제공할 수 있기를 바랐고(예산 절감), 장애계 쪽에서는 동일한 비용으로 더 많은 양의 서비스를 제공받을 수 있기를 바랐던 것이다(서비스 확대). 영국에서 발간되는 국제 장애학 저널《장애와 사회Disability & Society》사이트에서 'direct payments'*로 검색을 하면 매우 많은 논문들을 찾아볼 수 있는데, 관련 논문들 대다수의 논의도 그 비용 효율성cost-efficiency에 집중되어 있다.

그런데 영국에서 현금지급제로 전환하면서 발생했던 비용 절감 중 대부분은 기존의 현물서비스 시스템에서 다소 비대한 형태로 존재했던 인력(공무원 및 준공무원)의 인건비와 행정 비용에서 나온 것이다. 하지만 우리나라의 경우에는 이미 '준현금지급제도(바우처) + 유사시장 시스템'하에서 파트타임 노동력을 활용하고 있을 뿐 아니라 서비스 관리 업무 역시 비영리 민간 영역에 위탁하고 있기 때문에, 예산 효율화가 이루어질 여지가 전혀 존재하지 않는다. 오히려 새로운 시스템의 도입과 관리 비용으로 인해 추가적인 행정 비용이 발생할 가능성마저 있다.

2) 우리에게 지금 필요한 공공성 강화라는 과제의 포기

서구사회의 경우 공공 중심의 사회서비스 체계를 구축한 후 민영화라는 과정을 거쳤지만, 우리나라의 경우에는 처음부터 사회복지법인 제도를 중심으로 한 민간 중심의 사회서비스 체계가 구축되면서 사회서비스 분야에서의 공적 책임성이 현저히 떨어지고 있다. 즉 서구사회의 경우 민영화를

---

* 'direct payments'는 영국의 서비스 현금지급제를 일컫는 명칭이다.

추진했다 하더라도 공공부문이 여전히 일정한 지분을 지니고 있는 반면, 우리나라의 경우 애초 공공부문의 지분이 거의 전무했다. 이로 인해 발생하는 여러 폐해와 부작용을 완화하고자 추진되었던 것이 바로 사회서비스원이다. 서울, 대구, 인천 등에서 2019년부터 사회서비스원이 시범 운영되었고, 2021년 9월 〈사회서비스 지원 및 사회서비스원 설립·운영에 관한 법률〉이 제정되어 2022년 3월 말부터 시행되었다.

그러나 개인예산제를 장애 관련 핵심 공약으로 내세운 윤석열 정부는 사회서비스원의 역할을 사실상 무력화하는 방향으로 나아갔다. 윤석열 정부의 110대 국정과제 중 44번 '사회서비스 혁신을 통한 복지·돌봄서비스 고도화'에서는 사회서비스의 공적 공급 체계 강화를 목적으로 설립된 사회서비스원의 역할을 서비스 직접 제공이 아닌 민간 지원으로 전환하는 내용이 포함되었다. 사회서비스 제공기관의 대형화와 기업화를 통해 효율성을 높이는 내용 또한 들어 있다.

바로 이런 기조 속에서 2022년 9월 말 서울시사회서비스원(약칭 서사원)은 장애인 활동지원서비스와 발달장애인 방과후 활동서비스 사업을 하던 노원종합재가센터의 폐업을 결정했고, 2023년 9월에는 12개의 종합재가센터를 5개로 통폐합하는 개악안을 강행 추진하면서 일부 주요 사업들을 종료시켰다. 이에 더해 국민의힘이 주도하는 서울시의회는 결국 2024년 4월 26일 〈서울특별시 사회서비스원 설립 및 운영지원 등에 관한 조례 폐지 조례안〉을 통과시켰고, 5월 22일에는 서사원 이사회가 법인 해산을 의결하고 이를 서울시가 승인함으로써 2019년 3월 개원한 서사원은 설립 5년 만에 폐원하게 되었다. 그리고 다시 6월 25일에는 〈서울특별시 장애인 탈시설 및 지역사회 정착지원에 관한 조례 폐지 조례안〉이 서울시의회를 통과했는데, 같은 시기에 두 조례가 잇달아 폐지된 것은 결코 우연이 아니다.

3) 탈시설 및 지역사회서비스 확대의 흐름에 역행

개인예산제 찬성론자들 중에는 이 제도를 지렛대 삼아 탈시설을 촉진할 수 있다고 생각하는 이들이 있지만, 우리나라의 개인예산제는 장담컨대 결코 그런 방식으로 작동하지 않을 것이다. 오히려 개인의 선택권이라는 명목으로 개인예산제를 통해 지급되는 급여를 (노인장기요양보험에서와 같이) 시설급여로 전환할 수 있도록 하여, 시설의 재정적 안정화에 기여하는 방식으로 활용할 가능성이 크다.

윤석열 정부는 크게 두 가지 방향에서 개인예산제를 논의해왔다. 첫 번째는 바우처를 통해 제공되고 있는 활동지원서비스, 주간활동서비스(18세 이상) 및 방과후 활동서비스(아동·청소년), 발달재활서비스에 대한 칸막이를 부분적 혹은 전면적으로 없애는 것(소위 '통합바우처형')이고, 두 번째는 활동지원서비스의 예산 중 일부(10~20%)를 다른 사회서비스에 사용할 수 있도록 용도와 용처를 확대하는 것(소위 '활동지원 확대형')이다.

2023년 시행된 모의적용 사업은 이 두 가지 안 가운데 '활동지원 확대형'을 채택했는데, 모의적용 사업 모델 개발을 위한 한국보건사회연구원의 보고서에서는 이 모델의 장점을 "단계별 확대 방안 마련 용이(활동지원 유연성 확대와 비사회서비스 적용 → 지역사회 재활시설에의 적용 → **거주서비스에의 적용 가능**)"라고 밝히고 있다. 또한 '활동지원 확대형'이 제도화되어 장애인들이 활동지원 예산을 다른 서비스(장애 아동 발달재활, 발달장애인 긴급돌봄, 단기 거주시설, 의료비, 보조기기, 주거환경 개선, 기타 비사회서비스 등)에도 사용하게 될 경우, 이것이 활동지원서비스를 더 이상 확대하지 않고 오히려 예산을 삭감하는 근거로 활용될 수 있다고 적시하고 있다.[6]

다른 한편 한국장애인복지시설협회(약칭 시설협회)는 이미 2018년 제출한 제2차 장애인 거주서비스 혁신 방안의 여섯 가지 핵심 과제 중 다섯 번째 과제로 '서비스 현금지급제도와 개인예산제도 도입'을 제시한 바 있다.[7] 시설협회가 탈시설의 흐름에 동참하기 위해 개인예산제의 도입을 주장했을까? 그랬을 리 만무하다. 이 제도가 충분히 시설의 발전과 함께 갈 수 있다고 생각했기 때문에 이런 혁신 방안이 나온 것이다. 이뿐만 아니라 개인예산제를 가장 열성적으로 지지한 장애인 단체인 한국지체장애인협회가 시설협회 및 국민의힘과 보조를 맞추며 장애인탈시설지원법 반대의 선봉에 서 있었다는 사실 또한 직시할 필요가 있다.

결국 GDP 대비 장애인 복지 지출이 0.71%로 OECD 평균 1.98%의 3분의 1 수준에 머물러 있고 일본(1.12%)과 미국(0.98%)보다도 낮은 우리나라에서[8] 개인예산제라는 기술적 장치를 통해 탈시설을 촉진한다는 것은 매우 안이한 발상일 뿐이다. 최소한 OECD 평균 수준의 예산 증액을 통해 지역사회 서비스의 확대가 이루어져야만 실질적인 탈시설이 가능하다. 이 명확한 진실을 외면한 모든 논의와 정책적 대안은 말 그대로 탁상공론에 그칠 수밖에 없을 것이다.

스웨덴이 개인예산제를 하고 있다?

국내의 여러 연구자들은 개인예산제를 시행하고 있는 국가 중 하나로 스웨덴을 언급하곤 한다. 그러나 이는 현금지급제와 개인예산제를 정확히 구분하지 않음으로 인해 나타나는 오류라 할 수 있다. 영국의 현금지급제와 개인예산제를 가장 종합적으로 소개하고 있는 텍스트인 《장애인 중심 사회 서비스 정책과 실천: 서비스 현금지급과 개인예산》에서 명확히 하고 있는 것처럼, "개인예산제도는 기술적인 면에서 현금지급제도와 완전히 별개"의 문제이며[9] "서비스 현금지급제는 개인예산을 받는 하나의 방법"에 불과하다.[10] 즉 개인예산제는 현금지급제와 대척점에 있는 현물서비스의 형태로도 시행될 수 있다.

스웨덴의 경우 발달장애인이 주 대상인 〈특정 장애인에 대한 지원 및 서비스 법Lag om stöd och service till vissa funktionshindrade, LSS〉에서 제공하는 ① 조언 및 기타 지원 ② 활동지원서비스 ③ 동행 서비스(바깥 야외활동 지원) ④ 친구 서비스 ⑤ 휴식지원 서비스 ⑥ 단기 스테이 서비스 ⑦ 12세 이상 학생을 위한 단기보호 서비스 ⑧ 가족 또는 가정에서의 생활지원 ⑨ 주거 서비스 ⑩ 주간활동 등 10개의 서비스는 '각각 개별적인 서비스 판정'이 이루어지며, 이 중 활동지원서비스에 한해서만 현금지급제가 실시되고 있다. 스웨덴은 활동지원을 주당 20시간까지는 LSS에 근거해 지방자치단체 예산으로 제공하지만, 20시간 이상에 대해서는 〈활동지원수당법Lagen om Assistansersättning, LASS〉에 따라 중앙정부의 사회보험청을 통해 급여를 제공하면서 현금지급제가 정착되었다.

한편 우리나라가 2020년부터 2023년까지 중앙정부

차원에서 '월 평균' 127시간의 서비스를 기준으로 활동지원 예산을 책정했던 반면, 스웨덴에서 활동지원수당attendance allowance을 받는 장애인들은 2015년에 '주 평균' 127시간의 활동지원서비스를 이용했다.[11] 즉 한국의 경우 장애인서비스지원 종합조사를 통해 받을 수 있는 '최대치'가 월 480시간이지만, 스웨덴의 경우 '평균적으로' 월 480시간 이상의 서비스를 제공한 것이다. 또한 스웨덴에서 장애인에 대한 다양한 사회서비스는 기본적으로 공적 전달 체계를 통해 제공된다. LSS상의 9개 서비스를 제공하는 기관 역시 공공기관이고, 현금지급제가 실시되고 있는 활동지원서비스도 공급자 중 지자체가 과반 가까이를 점하고 있기 때문에(지자체 47.5%, 협동조합 10.7%, 민간기업 38.9%, 자가 고용 2.8%) 공적인 통제력과 주도권을 발휘할 수 있다.[12]

대안은 '서비스별 자기주도 사정'에 기반한 장애인권리예산제

〈발달장애인 권리보장 및 지원에 관한 법률〉 등에서 공식화된 용어를 따르자면, 우리나라에서는 그동안 주로 '개인별 지원'이라는 용어로 개인예산제에서 이야기하는 '개별유연화personalization'와 '자기주도 지원self-directed support'의 문제의식을 표현해왔다고 할 수 있다. 그러나 장애등급제 폐지 과정에서 논의되었던 개인별 지원에는 개인예산제와 상이한 문제의식 및 강조점이 존재하는데, 그것은 자기주도 지원이라는 개념의 맥락에서 말하자면 '자기주도 사정self-directed assessment'이라고 할 수 있다. 즉 여전히 재활적 기준에 얽매여 있는 일상생활활동Activities of Daily Living, ADL 및 도구적 일상생활활동Instrumental Activities of Daily Living, IADL 등을 바탕으로 한 전문가의 획일적 사정이 아니라, 장애인 당사자의 필요와 욕구 및 환경을 반영하여 이루어지는 사정이 핵심인 것이다. 그리고 이를 바탕으로 한 장애인권리예산제—장애인의 기본권이 법률상의 조항을 넘어 구체적 예산을 통해 공적으로 보장되는 시스템—의 실현이 우리의 당면 목표이자 대안이라 할 수 있을 것이다.

    스웨덴의 경우에도 탈시설이 성공적으로 이루어질 수 있었던 것은 이러한 자기주도 사정에 기반을 둔 서비스의 제공 때문이었지, 개인예산제와는 무관하다는 점을 분명히 해둘 필요가 있다. 이 장 서두에서 언급했던 '공급자라는 항'과 관련해서 보자면 '공공 중심에서 민간 중심으로의 전환' 없이도 이용자 중심성을 담보해냈던 것이다. 결국 민간 중심이어야 이용자 중심성이 확보된다는 생각은 신자유주의의 시장

이데올로기를 무의식적·무비판적으로 내면화한 것일 뿐, 결코 논리적이거나 합리적인 입장이라 할 수 없다.

정치의 신자유주의화와 장애인 개인예산제

조지아 반 투른의 저서 《장애의 새로운 정치경제학The new political economy of disability》(2021)은 우리나라의 개인예산제 논의에서 빈번히 언급되는 영국과 호주의 사례, 즉 잉글랜드의 개별유연화, 스코틀랜드의 자기주도 지원, 호주의 국가장애보험제도National Disability Insurance Scheme, NDIS를 '개별화된 자금제공individualised funding, IF'이라는 개념을 통해 다루고 있다.[13] 이 책에는 필자가 평소 잘 접해보지 못했던 용어 하나와 저자가 새롭게 사용하는 듯 보이는 신조어 하나가 등장하는데, 전자는 'co-option'이고, 후자는 'NGOisation'이다. 이 두 용어는 "개별화된 자금제공 모델을 그 본래의 맥락에서 가져와 국제적으로 확산시킨 사회적·정치적 행위주체는 누구였는가?"라는 질문[14]과 밀접히 연관된다.

하나의 정치적 용어로서 '코옵션co-option'은 크게 두 가지 의미를 지닌다. 첫 번째는 일반적으로 반대파를 관리하고 조직의 안정성을 유지하기 위해 지배 그룹에 외부 성원을 추가하는 과정을 말한다. 이런 형태의 코옵션은 예컨대 독재 정권이 저항 세력을 통제하기 위한 기법으로 활용할 수 있다. 두 번째는 한 집단이 모종의 이해관계를 지닌 더 작고 약한 집단을 포섭하거나 동화시키는 과정, 또는 어떤 프로그램 전체나 그 이상理想은 채택하지 않고 일부 측면만을 모방하여 다른 집단으로부터 전향자를 얻는 과정을 의미한다. 《장애의 새로운 정치경제학》에서 코옵션은 두 번째 의미로 사용되고 있으며, 이를 감안하면 '선택적 전유 및 포섭' 정도로 그 의미를 새길 수 있을 것이다.

한편 'NGO화'로 번역될 수 있는 'NGOisation'은 "장애권 옹호의 탈정치화와 'NGO화'", "장애 정치의 'NGO화'"와 같은 표현 속에서 등장하는데, 이 용어를 접했을 때 필자는 전작 《당신은 장애를 아는가》 3부에 적었던 다음과 같은 내용을 자연스레 떠올릴 수밖에 없었다.

> 현재의 NGO들 중 다수는 사실상 비정부기구라기보다는 '비공식적' 국가기구가 되어버렸으며 'Non-Governmental'이 아니라 'No.2 Governmental', 즉 '제2의' 정부기구가 되어버린 상황이다. 즉 체제의 작동을 돕는 국가기구의 일부로 포섭되어 있다는 것이다.[15]

반 투른의 책에서도 'NGO화'는 정확히 이런 맥락에서, 즉 사회운동 단체들이 신자유주의적 거버넌스의 하위 파트너로 포섭되는 양상을 지칭하는 데 사용되고 있다. 녹색당 의견 그룹인 '녹색정치의 시간을 만드는 녹색당원들'(약칭 녹정시)은 2024년 총선을 앞두고 발간한 팸플릿에서 "신자유주의에 대한 논의가 주로 경제사회적 측면에서 중요한 주제로 다루어져오면서 정치의 신자유주의화는 상대적으로 간과되거나 소홀히 취급"되었음을 지적한 바 있는데,[16] 사회운동적 측면에서 이러한 '정치의 신자유주의화'를 요약해주는 용어가 바로 '코옵션'과 'NGO화'라고 할 수 있을 것이다. 그리고 장애인 개인예산제가 국제적으로 확산되는 과정에는, 각 나라의 장애인운동이 정치의 신자유주의화라는 흐름에 휩쓸리고 조응해 들어갔던 역사가 나란히 존재한다. 진보정당의 왜소화와 신자유주의 보수 양당 체제의 지속이라는 제도정치적 환경 속에서, 한국의 장애인운동은 이를 꿋꿋하고 슬기롭게 돌파해나갈 수 있을까. 결코 쉬운 일은 아니겠지만, 이 과제를 직시하지 않고 진보적 장애인운동의 미래를 논할 수는 없을 것이다.

7장

노동해방의 '잠정적 유토피아', 기본소득인가 공공시민노동인가?

언네서세리아트의 시대, 인간의 노동

노동권 관련 토론회의 발제문을 준비하며 이런저런 자료를 찾아보다 알게 된 용어가 하나 있다. '불필요한'을 뜻하는 형용사 'unnecessary'와 '무산자 계층'을 뜻하는 'proletariat'가 결합되어 만들어진 신조어 '언네서세리아트unnecessariat'다.[1] '불안정한'을 뜻하는 형용사 'precarious'와 'proletariat'가 결합된 '프레카리아트precariat'라는 조어가 등장한 지 오래되지 않았는데, 이제 우리는 '불안정 노동 계층'을 넘어 말 그대로 '불필요한 계층'이 재/생산되는 시대를 살고 있다. 소위 '4차 산업혁명'의 시대에 자본은 점점 더 노동 배제적인 이윤 축적 체제를 구축하고 있고, 이런 조건 속에서 많은 이들이 "쓰레기가 되는 삶들"로 전락하고 있다는 비판은² 이제 과장된 수사가 아니게 되었다. 김정희원은 반복적으로 출현할 신종 바이러스에 취약한 인간 자체가 자본에게 하나의 '생물학적 위험biohazard'으로 간주됨에 따라 이런 흐름이 더욱 가속화될 수 있다고 지적한다.³

그런데 역사적으로 보면, 1차 산업혁명의 시기에 형성된 언네서세리아트가 바로 일할 수 없는 몸을 뜻하는 '장애인the disable-bodied'이었다. 그리고 한국 1세대 장애인운동가들이 자주 사용한 표현을 빌리자면, 그들은 우리 사회에서 '기생적 소비계층'으로 치부되어왔다. 전체 장애인의 3분의 2가 직업을 가져본 적이 없기에 실업자조차 될 수 없는 비경제활동인구로 밀려나 있기 때문이다. 하지만 단순 육체노동은 로봇으로 대체되고, 이에 따라 중간 관리노동은 최소화되며, 전문직의 정신노동은 인공지능과 경쟁해야 할 근미래에 '장애인'(일할 수 없는 몸)과 '비장애인'(일할 수 있는 몸)의 경계는 새롭게 그어질 것이다.

'대량생산-대량소비'라는 말로 상징되는 포디즘Fordism의 시대는 테일러리즘Taylorism이라는 과학적 관리를 통해 노동자를 기계처럼 만들고자 한 시대이기도 했다. 물론 살아 있는 생명을 기계화하는 데에는, 즉 자본이 제시하는 알고리즘에 포섭하는 데에는 일정한 한계가 존재했고, 이를 안타까워했던 미국 기업가들의 심정을 안토니오 그람시는 《옥중수고》

에서 "'재수 없게도' 노동자는 여전히 인간"이라는 말로 비꼬 듯 표현했다.⁴ 그러나 기계에 의한 인간 노동의 대체 가능성이 어떤 임계점을 넘어서고, 산업예비군과는 질적으로 다른 하나의 '신분'으로서 언네서세리아트가 확립되면, 자본은 그 불가능해 보였던 꿈에 다가서게 될지도 모른다. 노동하는 자로서의 인간이 노동의 '정의'를, 그리고 노동에 부여된 '가치'의 사회적 의미를 새롭게 갱신해내지 못한다면 말이다.

노들장애학궁리소의 고병권은 장애인이 "가치를 착취당하기 이전에 가치라는 개념 자체의 폭력에 시달리는 존재들"이라고 말한다.⁵ 노동에 대한 논의가 계속해서 회계학적 잉여가치와 자본주의적 교환가치를 하나의 정상 규범으로 상정하는 한, 그 폭력은 우리 모두에게 점점 더 가혹하게 전면적으로 행사될 것이다.

이 장은 이러한 폭력과 위기의 시대를 넘어서기 위한 해법으로 제안되어온 '기본소득'과 '공공시민노동'이라는 두 가지 개혁 전략을 비교 검토해보려는 목적을 갖는다.* 이를 위해 우선 노동을 어떻게 바라볼 것인가에 대한 기본적 관점을 정리한 다음, '노동으로부터의 해방'(노동하지 않을 권리의 실현)

---

* 이런 내용의 글이 필요하다고 생각하게 된 이유 중 하나는 공공시민노동과 관련된 대중 강의에서 가장 많이 받는 질문이 '기본소득과 공공시민노동의 실질적 차이는 무엇인가?'라는 것이었기 때문이기도 하다.

과 '노동을 향한 해방'(보편적 시민권으로서의 노동권의 확립)이라는 두 가지 노동해방 노선의 구체적 전략으로 기본소득과 공공시민노동을 각각 위치시킬 것이다. 이어서 공공시민노동의 문제의식과 기본적 내용을 제시한 후, 공공시민노동과 기본소득을 크게 두 가지 논점을 중심으로 비교해 논의해보고자 한다.

노동을 어떻게 바라볼 것인가

"일하지 않는 자여, 먹지도 말라." 이는 〈무노동 무임금을 자본가에게〉라는 투쟁가의 가사이기도 하고, 레닌의 《국가와 혁명》 5장 3절에 등장하는 문장이기도 하며,[6] 소비에트연방의 1936년 헌법 제12조에 나오는 구절이기도 하다. 이처럼 이 구호는 한때 노동에 대한 자긍심과 더불어, 사회가 조직되는 중심 원리로서 노동이 차지하고 있는 위상을 상징적으로 나타냈다. 하지만 언제부터인가 이 구호는 오히려 좌파와 마르크스주의 또한 '근대적인' 노동의 인간학에 포섭되어 있었음을 비판할 때,[7] '노동하지 않을 권리right not to work' 내지 탈노동의 급진성과 정당성을 주장할 때[8] 자주 언급되고 있다. 이런 비판 속에서 흔히 주장되는 내용은 고대 그리스 이래로 노동이라는 개념은 줄곧 부정적인 것, 즉 노예나 하는 비천한 것이거나, 원죄를 짓고 낙원에서 추방된 인간에게 내려진 신의 형벌이거나, 괴롭고 고생스러운 것이었다는 점이다. 더불어 노동에 대한 급격한 '평가절상'은 근대 자본주의 체제가 성립되면서 나타난 현상일 뿐이라는 점도 함께 언급되곤 한다. 분명 그런 측면이 존재할 것이다. 그러나 과연 그렇게 단순화할 수 있을까? "일하지 않는 자여, 먹지도 말라"는 원래 근대 자본주의의 구호가 아니라, 기원후 50년경 사도 바울에 의해 작성된 《데살로니가 후서》에 등장하는 문장이니 말이다.

물론 이런 지적은 노동에 대한 일방적인 숭배가 올바름을 이야기하고자 하는 것이 결코 아니다. 오히려 노동에 대한 비하도 어쭙잖은 찬미도, 그것이 누구의 관점이었는지는 점검될 필요가 있음을 이야기하고 싶은 것이다. 주지하다시피 노동이라는 개념은 그 어원 자체에 부정적인 함의가 내포되어 있다. 예컨대 고대 로마에서는 노예들이 짐을 지고 뒤뚱거리는 모습을 'laborare'(라보라레)라고 표현했는데, 이것이 영어 'labor'의 어원이다. 또한 성실히 노동하지 않는 노예를 고문하거나 벌줄 때 사용했던 일종의 형틀을 'tripālium'(트리팔리움)이라고 불렀는데, 이것이 '노동'을 뜻하는 프랑스어 'travail'의 어원이 되었다.[9] 그런데 이를테면 가사노동을 여성에게 전가시키면서 이를 하찮고 부정적인 것으로 생각했던 남성의 관점에 따라 가사노동이 규정되는 게 정당하지 않은 것처럼, 노예들에게 노동을 전가시켰던 비노예 시민과 지배계층의 관점에 기대 노동의 성격을 논하는 건 뭔가 좀 부적절하고 이상한 일이 아닌가? 당대의 지배 이데올로그들인 성직자 계급에 의해 노동에 대한 어쭙잖은 찬미가 이루어지는 일에 대해서도 마찬가지로 이야기할 수 있을 것이다. 예컨대 교부철학의 대부 아우구스티누스는 노동에 경의를 표하고 모든 정직한 노동이 신 앞에서 인정받는다는 사실을 강조했지만,[10] 이는 남성들이 성실한 가사노동을 여성들에게 강권하고 때로 상찬하는 것과 같은 맥락에서 노동의 가치와 필요를 인정했던 것일 뿐이니 말이다.

이와 관련하여 아서 T. 게이건은 《초기 기독교와 고대 문화에서 노동에 대한 태도 The Attitude towards Labor in Early Christianity and Ancient Culture》(1945)에서 역사가들이 고대 그리스 시대의 노동을 각기 다르게 평가하는 현상을 지적하면서, 그 이유 중 하나로 "상류층이나 지배층의 의견을 사회 전체의 그것으로 치환해버린 점"을 언급한다. 많은 이들이 고전 문헌에 근거해 추론을 전개해왔지만 "이러한 문헌은 보다 특권적인 계급의 산물"이며, 따라서 "인구의 압도적인 대다수를 이루는 하층 계급의 생각이나 정서를 거의 대변하지 않는다"는 것이다.

인류학자 허버트 애플바움 또한 《노동의 개념: 고대, 중세, 근대The Concept of Work: Ancient, Medieval, and Modern》(1992)에서 "일하는 사람들이 일에 대한 권력자와 지식인의 경멸을 공유하지 않을 수도 있다는 점에 주목"하면서, "노동자와 숙련 장인에 의한 클럽들, 고대 로마에서의 동직조합collegia, 동업조합guild, 집회소, 상조회, 노동조합, 정치적 정당의 기록들을 통해 이러한 사실을 입증할 수 있다"고 말한다. "자존심을 갖지 않은 사람은 조직을 하지 않으며, 자신의 조직을 만드는 사람은 자부심의 인식을 기반으로 한 정체성의 감각을 갖고 있다"는 것이다.[11]

이런 측면에서 서양이 아닌 동양, 지배계급이 아닌 하층계급 공인工人 출신의 사상가 묵자(기원전 479~381년경)의 노동관은 눈여겨 볼 만한 지점이 있다. 그는 인간이란 어떤 존재인가라는 물음에 "노동에 의지해야 살아갈 수 있고 노동하지 않으면 살아갈 수 없는 존재"라고 답했으며(《묵자》, 〈비악 상편 非樂 上篇〉), "자신이 노동하지 않으면서 그 성과를 얻는 것은 자기 소유가 아닌 것을 취하는 것과 같다"고 말했다(《묵자》, 〈천지 하편天志 下篇〉). 청나라 말과 중화민국 초의 계몽 사상가인 량치차오는 "노동이 다만 중요하거나 필수적이라고 보는 것에서 나아가 그것을 신성하게 여기는 노동 신성의 사상에 의거하여 노동하는 사람들의 권익을 옹호하였다는 점에서" 묵자를

"대★ 마르크스"로 일컫기도 했다.[12] 이런 호칭은 물론 상당히 과하게 느껴지지만, 기원전 사상가인 그의 노동관은 로크나 마르크스와 같은 근대 서구 사상가들의 관점과 시대를 가로질러 상통하는 측면이 존재한다.

이야기가 길어졌고 에둘러 왔지만, 결국 우리가 마주하게 되는 오랜 질문은 이런 것이다. (노동의 핵심적 일부인 가사노동과 돌봄노동이 그러하듯) 노동이 단순한 거부의 대상도 일방적 찬미의 대상도 될 수 없다면, 노동이 수고로움과 가치로움의 이중적 성격을 갖는다면, 노예 노동이나 수탈 노동이나 자본주의적 착취 노동은 폐지될 수 있더라도 여전히 노동 자체는 인간의 조건—본질이 아니라—이라면, 우리가 '추구하는' 세계 속에서 노동은 어떻게 규정되고 재구성되어야 하는가?

노동의 이중적 성격과
노동해방으로의 두 가지 길

노동에 대해 사고할 때 우리가 염두에 두어야 하는 건, 앞서 살펴본 내용이 시사하듯 인간사회에서 노동이 기본적으로 이중적인 성격을 지닌다는 점이다. 즉 노동은 "한편으로는 노고와 고통이었지만, 다른 한편으로는 보람과 성취이기도 했으며, 한편으로는 저주와 처벌이었지만, 다른 한편으로는 자아 표현과 자기실현의 일환"이기도 했다.[13] 이에 따라 노동에 대한 근대적 규범도 '권리'인 동시에 '의무'라는 이중적 형태를 띤다. 〈대한민국 헌법〉 역시 제32조 ①항에서 "모든 국민은 근로의 권리를 가진다"라고 노동에 대한 권리를 명시적으로 규정하는 것과 더불어, 그다음 ②항에서는 "모든 국민은 근로의 의무를 진다"라고 노동을 의무로 적시하고 있다. 노동의 이런 이중적 성격으로부터 '잠정적 유토피아provisional utopia'* 수준의 노동해방에 대한 두 가지 '비개혁주의적 개혁nonreformist reform' 전략이 도출될 수 있다.

비개혁주의적 개혁이란 《프롤레타리아여 안녕》[14]이라는 저서로 잘 알려져 있는 앙드레 고르가 처음 제시한 것으로,**

---

*   스웨덴 복지국가 건설의 핵심 이론가이자 현실 정치가였던 에른스트 비그포르스는 "우리는 몇십 년, 몇백 년 후에나 찾아올 낙원을 준비하며 살아가는 것이 아니다. 낙원이란 인류 역사의 시작에도 없었고 마지막에도 없을 것이다"라고 말했다(홍기빈, 《비그포르스, 복지 국가와 잠정적 유토피아》, 책세상, 2011, 312쪽). 그리고 현상 유지에 복무하는 자유주의 정치 이념과 혁명만을 되뇌며 현실 정치에 무능한 교조적 마르크스주의를 넘어서는 정치운동의 방향과 전망을 이 '잠정적 유토피아'라는 개념을 열쇳말 삼아 구체화했다.

** 고르는 비개혁주의적 개혁을 구조 개혁이라고도 부르는데, 그에 따르면 이러한 개혁은 "현존 권력관계에 아무런 영향도 끼치지 않은 채 현 체제를 합리화해줄 뿐인 그런 개혁을 말하지 않는다. …… 구조 개혁이란 개혁을 요구하는 주체들 자신이 직접 수행하고 통제하는 개혁을 뜻한

미국의 정치철학자 낸시 프레이저에 의해 그 위상이 좀 더 명확해졌다고 할 수 있다. 프레이저는 한 사회의 부정의를 해결하기 위한 전략 일반을 '긍정affirmation' 전략과 '변혁transformation' 전략으로 구분한다. 긍정 전략이 부정의를 산출하는 사회의 근본 구조나 틀을 일단 수용하고 긍정한 상태에서 그 틀이 만들어내는 표층적 결과들을 교정하는 것을 목표로 한다면, 변혁 전략은 부정의를 산출하는 틀 자체를 재구조화함으로써 부당한 결과들을 바꾸는 것을 지향한다. 그러나 프레이저는 이 양자로 단순화할 수 없는 제3의 대안적 전략이 있다고 말하는데, 그것이 바로 비개혁주의적 개혁이다. 이는 "기존의 틀 안에서 해석된 그들의 욕구들 중 일부를 충족시켜"주지만, "시간이 지남에 따라서 보다 급진적인 개혁들이 실행될 수 있는 그런 변화의 과정이 시작되게" 만드는 형태의 개혁을 말한다.[15]

노동해방에 대한 비개혁주의적 개혁 전략 중 하나는 노동의 의무에서 벗어나는 일종의 탈노동사회(노동하지 않을 권리)를 지향하는 것으로, 그 구체적인 전략은 '기본소득' 제도

다. …… 구조 개혁은 **항상** 새로운 민주적 권력의 중심들을 만들어내야만 한다." André Gorz, *Strategy for Labour: A Radical Proposal*, trans. Martin A. Nicolaus and Victoria Ortiz, Beacon Press, 1967, p. 8, 강조는 저자.

로 수렴되어왔다. 다른 하나는 자본주의 사회에서 상품의 형태로 존재하기에 단 한 번도 보편적인 권리로 확립되지 못했던 노동을 진정한 시민권으로 만드는 '공공시민노동' 전략이다. 전자가 '노동으로부터의from 해방'이라는 노선에 입각해 있다면, 후자는 '노동을 향한to 해방'이라는 노선을 따른다고 할 수 있을 것이다. 그리고 이 후자의 전략은 2020년 이후 장애인운동 진영에 의해 '권리중심 중증장애인 맞춤형 공공일자리'로 제도화되고 있다. 필자는 양자 중 어느 하나를 배타적으로 지지하거나 기각하지는 않는다. 두 전략은 서로 다른 경로를 거치지만 같은 목표를 지향한다고도 볼 수 있다. '능력에 따라' 일하고 (필요한 만큼은 아니더라도) '최소한의 인간다운 삶을 위한' 소득을 권리로서 보장받는 사회를 말이다.

그러나 탈노동사회 전략은 '노동'을 자본주의적 임노동에 한정함으로써 노동 자체를 역설적으로 탈역사화하는 측면이 있다. 또한 노동으로부터의 탈주가 이미 자본 측에 의해 경향적으로 선점되어 있기도 하다. 신자유주의의 흐름 속에서 확립된 유연 축적flexible accumulation 체제는 부분적으로 "인간 노동에 의존하지 않는 방식으로 가치증식을" 실현하면서 "더 이상 대규모 노동력을 체제 내로 포섭할 필요가 없는" 노동배제적 자본 축적 시스템인 것이다.[16] 우파 정치세력 및 실리콘밸리로 상징되는 기술지상주의technocentrism 우파는 바로 이런 축적 시스템을 안정화하고 재생산하기 위한 도구 내지 구원 투수로 기본소득 제도를 상정하고 있다.

예컨대 《제2의 기계 시대》의 저자 에릭 브린욜프슨과 앤드루 맥아피, 《로봇의 부상》의 저자 마틴 포드, 《2030 고용절벽 시대가 온다》와 《모두를 위한 분배》의 저자 이노우에 도모히로 등은 기술주의 우파의 범주로 분류될 수 있는 인물들인데, 이들은 모두 기본소득 지지자이기도 하다.[*17] 한국에서도 '다음Daum' 창업자이자 '타다'의 모기업 '쏘카' 대표였던 이재웅이 "일자리가 줄어들고 소득 격차가 커질 수밖에 없는 미래 사회"에서 "자본주의 붕괴를 막기 위해서라도 도입해야 할 …… 유일한 대안"으로 기본소득을 지지한 바 있다.[**]

---

[*] 에릭 브린욜프슨은 매사추세츠공과대학MIT 디지털비즈니스센터장이고 앤드루 맥아피는 같은 센터의 수석연구원이다. 마틴 포드는 컴퓨터 설계와 소프트웨어 개발자이자 실리콘밸리의 성공한 사업가이며, 이노우에 도모히로는 컴퓨터공학을 전공해 IT기업에서 근무한 경력이 있는 거시경제학자다.

[**] 김지환, 〈다음 창업자 이재웅 "자본주의 붕괴 막기 위한 유일한 대안, 기본소득"〉, 《경향신문》, 2016. 2. 1. 또한 이재웅은 2019년 10월 30일 열린 한 세미나에서 타다와 택시업계의 갈등에 대해 "플랫폼과 인공지능AI 기술 등이 발달하면서 전통 사업자들이 경쟁력을 잃고 일자리가 줄어드는 것은 필연적"이라며, "다만 이들에게 어쩔 수 없으니 받아들이라고 하기보다는 정부 차원에서 보편적 기본소득과 같은 사회 안전망으로 보호해야 한다"고 주장했다(이민우, 〈이재웅 "국토부 법안은 졸속… 타다 허용한 뒤 제도 보완했어야"〉, 《아시아경제》, 2019. 10. 31). 즉 기업들은 새로운 기술 혁신을 통해 자유롭게 이윤을 추구하고, 그로 인한 부작용

이와 같은 상황과 문제의식 속에서 필자는 노동으로부터의 탈주脫走보다는 자본주의적 노동을 내파內波하는 전략에 좀 더 많은 관심이 기울여져야 한다는 정치적 태도와 입장을 견지하고 있다.

공공시민노동의 문제의식과 기본적 내용[***]

1) 노동은 상품이 아니다

필자는 지난 2014년 '중증장애인 노동권 쟁취를 위한 공동대책위원회' 주최로 진행된 한 토론회에서 '공공시민노동' 개념과 '중증장애인 공공고용제'를 공식적으로 처음 제기한 바 있다.[18] 이후 전장연은 '중증장애인 공공일자리 1만 개'를 요구로 내걸고 2017년 11월 21일부터 2018년 2월 13일까지 85일간 한국장애인고용공단 서울지사 점거 농성을 진행했다. 그러나 이 농성의 과정에서 고용노동부가 대책으로 내놓은 동료지원가 일자리(중증장애인 지역맞춤형 취업지원 사업)는 전

은 사회가 공동으로 책임지면 된다는 것이다.
[***] 이 절은 필자의 저서 《장애학의 도전》 9장 네 번째 절('노동시장을 넘어 공공시민노동 체제로')을 요약하고, 새로운 내용을 부분적으로 추가하여 작성한 것임을 밝혀둔다.

장연의 요구와 크게 배치되는 것이었다. 2019년 420장애인차별철폐투쟁의 성과로 서울시에서 2020년 하반기부터 실시된 '권리중심 공공일자리'가 공공시민노동 개념에 바탕을 둔 최초의 고용 시스템이라 할 수 있다.

이처럼 장애인운동 진영이 제기한 공공시민노동이란 하나의 '개념'이기도 하고 '시스템'*이기도 하다. 우선 공공시민노동 개념의 뜻은 간단하다. '노동'은 '시민'의 권리이므로 '공공' 영역에서 보장되어야 한다는 것을 의미한다. 공공시민노동은 위험사회risk society에 대한 논의로 잘 알려져 있는 독일의 사회학자 울리히 벡이 《아름답고 새로운 노동세계》[19]에서 제시한 '시민노동Bürgerarbeit' 개념에서 일차적인 아이디어를 가져온 것이다. 그 역시 산업사회 이후의 '제2차 현대second modernity'에서 완전 고용이란 시장에 대한 종교적 믿음하에서만 가능한 헛된 구호가 되었다고 진단하지만, 탈노동사회가 대안은 아니라고 말한다. 오히려 노동의 개념을 바꾸고 노동에 포함

---

* '교육 제도education system'와 '자본주의 체제capitalist system'라는 용어에서 확인할 수 있듯, '제도'와 '체제'는 영어로 둘 다 '시스템system'으로 표기될 수 있다. 즉 우리가 어떤 시스템을 말할 때, 그 시스템은 표층적인 제도적 수준에서 심층적인 체제적 수준까지의 어떤 스펙트럼상에 위치하게 된다. 요컨대 낸시 프레이저가 말했던 '긍정 전략'과 '변혁 전략' 사이에 있는 '비개혁주의적 개혁'으로서의 공공시민노동은 제도적 수준에서 출발해 체제적 수준으로 나아가는 길을 상정한다.

될 수 있는 활동을 확장해야 한다고 본다. 즉 시민사회의 영역에서 조직될 수 있는 정치적이고 사회적이며 공익적인 여러 활동(시민노동)을 노동으로 인정해 대가를 지급함으로써, 취업자/실업자의 경계를 해체하고 자원 분배에 대한 새로운 규범을 확립하자고 제안한다.

공공시민노동 개념은 기본적으로 노동은 상품이 아니라는 인식을 전제한다. 오스트리아 출신의 경제인류학자 칼 폴라니는 근대 자본주의가 노동, 토지, 화폐를 상품처럼 다룸으로써 시장경제 체제를 확립했지만, 그것들은 단지 '허구 상품 commodity fiction'일 뿐이며 결코 본래적인 의미에서의 상품일 수 없다고 말한다. 상품이란 그 정의상 판매를 위해 생산되는 것이다. 그런데 토지는 자연의 다른 이름이며 인간은 자연을 생산할 수 없다. 화폐는 구매력의 징표 내지 신용 관계의 매개물이어서 필요에 따라 임의적으로 만들어낼 수 있는 것이 아니다. 노동은 인간 활동의 다른 이름일 뿐이므로 노동을 그 인간과 분리해 동원하거나 비축할 수 없고 폐기할 수도 없다. 따라서 토지 및 화폐와 더불어 노동은 판매를 위해 더 생산하거나 덜 생산할 수 있는 대상, 즉 상품이 아니다.[20] 그리고 1944년 개최되었던 국제노동기구ILO 총회에서는 통상 '필라델피아 선언'이라고 불리는 〈국제노동기구의 목표와 목적에 관한 선언Declaration concerning the aims and purposes of the International Labour

Organization〉을 채택하게 되는데, 이 선언에서 가장 먼저 제시되고 있는 원칙도 바로 "노동은 상품이 아니다"라는 것이다. 폴라니와 같은 좌파 경제인류학자만이 아니라, 자본주의 국가들의 연합체인 유엔의 노동 담당 기구 역시 노동이 상품이 아니라는 것을 인정하고 있다는 점은 매우 의미심장하다.

또한 앞서 언급했듯 노동은 헌법의 정신에 따라* 누구나 누릴 수 있는 '권리'로 존재해야 하며, 더구나 단지 권리인 것만이 아니라 교육과 마찬가지로 국민의 4대 '의무' 중 하나다. 그리고 어떤 것이 이처럼 권리인 동시에 의무로서 존재하기 위해서는 교육의 사례에서 명확히 드러나듯 민간(시장) 영역에 방치되어서는 안 되며, 공적 개입이 적극적으로 이루어져야만 한다. 예컨대 공교육 없이 사교육(교육시장)만 존재한다면, 혹은 공교육+'α'의 위상으로 사교육이 존재하는 것이 아

---

* 누군가는 확고한 자본주의 시장경제 국가인 대한민국의 헌법에서 새로운 체제로의 이행에 대한 전략의 단초나 근거를 찾는 것이 적절한가라는 비판적 의문을 제기할 수도 있을 것이다. 그러나 에티엔 발리바르는 피지배자들의 반역이 지배적 이데올로기 외부에서 자신들의 특수한 이데올로기를 따로 생산함으로써 일어나는 것이 아니라고 말한다. 오히려 "지배(적) 이데올로기 자체에 내장되어 있는, 따라서 '위로부터' 들려오지만 본래는 [피지배 대중들] **자기 자신이 보낸** 이상적 메시지(정의, 자유, 평등, 노동, 행복 따위)를 곧이곧대로 지금 그 자리에서 실현하려고 집단적으로 시도함으로써" 반역과 봉기가 일어나게 된다고 본다. 최원, 〈한국 진보운동 재구성의 몇몇 쟁점들: 발리바르의 관점을 중심으로〉, 《진보평론》 59, 2014, 193쪽, 강조는 저자.

니라 사교육+'α'의 위상으로 공교육이 존재한다면, 교육은 결코 국민의 권리도 국가가 부과하는 의무도 될 수 없다. 마찬가지로 노동이 하나의 권리이자 의무로 존재하기 위해서는 노동 역시 시장이 아닌 공공 영역을 중심으로 통어될 수 있어야 한다. 즉 공공시민노동+'α'의 위치에 노동시장이 자리하도록 함으로써, 일정 연령 이상의 모든 시민들에게 공적으로 노동 기회를 보장해야만 하는 것이다.

2) 공공시민노동 '시스템'에 대하여

이러한 공공시민노동 개념을 기반으로 우리는 공공시민노동 '시스템'을 구상해볼 수 있는데, 이는 기본적으로 다음과 같은 두 가지 원칙을 따른다. 첫째, 공공시민노동을 통해 제공되는 급여는 최저임금 이상의 생활임금 living wage을 기준으로 한다. 물론 급여의 수준은 고정되어 있는 것이 아니며, 해당 정치경제 공동체의 상황과 정치적 역량에 따라 더 높아질 수도 있다. 중요한 것은 공공시민노동의 급여가 민간 영역의 임금과 고용 조건을 통어하고 견인하는 효과를 볼 수 있는 수준에서 정해진다는 점이다. 예컨대 L. 랜덜 레이는 정부가 최종 고용자로서 모든 국민의 일자리를 보장하는 '일자리 보장 job guarantee/최종 고용자 employer of last resort' 프로그램(약칭 일자리 보장제)을 적극적으로 제안한다. 그는 일자리 보장제의 주요

한 이점 중 하나로 "이 프로그램에서 지급하는 임금은 기초 임금이 되어 그 아래로 임금이 하락하지 못하는 든든한 바닥 역할을" 하고, "피고용인들이 민간부문을 떠나 이 프로그램으로 옮겨갈 선택지를 항상 가지고 있으므로 민간부문에서의 노동조건이 개선"되며, "노동자들은 어떤 이유에서든 부당한 대우를 받을 경우엔 '일자리 보장/최종 고용자' 프로그램이라는 선택지를 쥐고 있으므로 인종차별 및 성차별도 어느 정도 줄어들게" 된다는 점을 꼽는다.[21] 비록 공공시민노동의 발상과 맥락은 일자리 보장제와 상이하지만,* 급여의 수준은 랜덜 레이가 언급한 효과를 담보할 수 있는 지점에서 정해

---

* 《우리가 명함이 없지 일을 안 했냐》(경향신문 젠더기획팀, 휴머니스트, 2022)에는 "우리가 만난 여성들은 명함이 없다고 했다. 일을 쉰 적은 없다. 그들의 노동을 사회에서 '일'로 인정하지 않았을 뿐이다"라는 구절이 나온다. 이와 완전히 동일한 맥락은 아니겠지만, 공공시민노동 역시 해당 시민이 '이미' 노동을 해왔고 그것을 노동으로 '인정'한다는 발상 속에서 구성된다. 예컨대 노들야학의 권리중심 공공일자리 노동자들 중 상당수는 이런 일자리가 만들어지기 전부터 일상적으로 권익옹호 활동이나 문화예술 활동을 수행해왔다. 반면 일자리 보장제는 기존에 일을 하지 않던 사람들이 이 제도를 통해 새롭게 일을 하게 된다고 상정한다. 또한 전자는 비개혁주의적 개혁을 통한 새로운 체제로의 이행을 지향하는 반면, 후자는 고질적인 실업 문제 및 이와 연동된 경제 문제들을 해소하여 자본주의 체제를 안정화할 수 있는 방안으로 제시되어왔다. 마지막으로 공공시민노동은 '공공' 영역에서 시민사회의 역할과 통제권을 강화해 나가는 방향을 상정하는 반면, 일자리 보장제는 기본적으로 국가 중심의 프로그램이라 할 수 있다.

지게 된다.

둘째, 공공시민노동으로 인정되는 활동은 국가가 아닌 시민이 정한다. 즉 흔히 '제3섹터'로 불리는 시민사회의 다양한 단위들과 공공시민노동을 하고자 하는 개인들이 직접 신청하도록 한다. 여기서 공공시민노동으로 신청할 수 있는 활동은 한나 아렌트가 '활동적 삶 vita activa'을 구성하는 세 가지 기본 활동으로 제시한 '노동 labor', '작업 work', '행위 action'를 포괄한다. 아렌트의 노동, 작업, 행위 개념을 우리는 각각 (정확히 일치하지는 않지만) 경제 활동, 문화 활동, 정치 활동에 대응시킬 수 있는데, 이 세 가지 유형의 활동은 사실 이미 하나의 직업 활동으로서 수행되고 있기도 하다. 아렌트가 인간 활동 구분의 준거로 삼는 고대에는 노동이 사적 영역인 오이코스 oikos(가정)에 속하는 것으로 간주되었고 공적 활동과 비교적 명확하게 구분됐다. 하지만 근대 이후 (분업과 협업을 통해) 노동의 사회화가 지속적으로 진행됨과 동시에 (일반화된 화폐경제로 전환되면서) 경제 활동 자체의 맥락과 의미가 변화했기 때문에,** 이제는 고용/노동의 영역에서 전적으로 벗어나 있는 인

** 미래 사회에서 우리는 노동력의 상품화를 폐지할 수는 있겠지만 사회적 차원의 분업과 협업은 계속 수행하게 될 것이며, 자본주의적 시장경제를 넘어설 수는 있겠지만 시장과 화폐 자체는 활용하며 살아가게 될 것이다.

간의 육체적·정신적 활동이란 존재하지 않는다. 예컨대 공무원, 정당인, 교수·연구자도 노조를 결성하는 노동자이며, 예술 활동을 하면서 급여를 받는 문화노동자들이 상당수 존재한다. 따라서 울리히 벡이 전통적인 의미의 산업 노동과 정치 활동을 융합하여 노동의 개념 및 영역을 확장·재구성하고자 했다면, 우리는 정치 활동은 물론 문화 활동까지 적극적으로 포함시킬 수 있을 것이다.

전장연은 앞서 언급한 한국장애인고용공단 점거 농성 중 '중증장애인 공공일자리 1만 개 구직신청서'를 받았는데, 이 신청서의 희망 직종에는 '정치 활동'에 해당하는 권익옹호 활동 및 피플 퍼스트People First 활동과 더불어 '문화·예술 활동'이 포함되어 있었다. 그리고 2023년 서울(400개), 경기(500개), 인천(50개), 강원(37개), 춘천(40개), 경남(100개), 전남(93개), 전북(76개), 제천(10개) 등에서 총 1300여 개의 일자리가 운영된 권리중심 공공일자리의 기본 직무는 장애인 권익옹호 활동, 장애인 인식개선 활동, 문화예술 활동 세 가지로, 즉 정치 활동과 문화 활동을 중심으로 구성되어 있다.*

---

*   전장연의 출근길 지하철 행동에 대한 정부, 국민의힘(특히 '시민단체 선진화 특별위원회'), 서울시의 전방위적 탄압과 공격 속에서, 2023년 7월 1일부터 서울시의 권리중심 공공일자리에서는 '권익옹호 활동' 직무가 삭제되고 대신 '서비스업 보조'(체육시설 보조, 병원·검진센터 보조, 도

한편 시민들이 신청한 활동을 공공시민노동으로 승인할 때의 심의 기준은 단 하나, '해당 개인이 지닌 현재의 조건 및 능력'에 비춰볼 때 그 활동이 '지역사회 구성원들의 물질적·정신적·정서적 삶에 기여'하는가이다. 이 외에는 다른 어떤 기준도 존재하지 않는다. 이 기준을 따른다면, 현재 매우 심각한 정신장애 혹은 인지장애를 지니고 있거나 최중도의 와상臥像 상태에 있는 사람의 경우에도 자신에게 '맞춰진' 일자리를 구성할 수 있을 것이다.** 또한 만 15세 이상의 노동 가능 연령에 도달한 학생들도 학업 노동을 하고 있는 것으로 인정되어 일정 수준의 급여를 단계별로 지급받게 되는데, 학생들의 학업은 이 사회를 유지하고 발전시키는 데 필수적인 활동이기 때문이다.

이런 구상이 실현될 수 있다면, 근대 자본주의 사회에서 노동할 수 없다고 치부되어온 중증장애인이나 발달장애인들도 '불인정 노동자'라는 역사적 굴레를 타파할 수 있을 것이

　　서관 사서 보조) 직무가 추가되었다. 그리고 5장에서 언급한 것처럼 서울시는 2024년에 권리중심 공공일자리 사업을 전면 폐기했으며, 이에 대응하여 전장연은 해고자 원직복직 투쟁을 이어가고 있다.

** 　권리중심 중증장애인 맞춤형 공공일자리에서 '맞춤형'이라는 단어가 들어가는 것은 '사람이 일자리에' 맞추는 것이 아니라, '일자리를 사람에게' 맞춘다는 원칙을 지니고 있기 때문이다. 실제로 이 일자리는 최중증장애인을 대상으로 하며 탈시설 장애인에게 우선권을 부여하고 있다.

다. 또한 여성 혹은 남성의 가사 활동도 그 가치를 새롭게 공인받을 수 있으며, 청년실업 문제에도 실질적인 돌파구가 마련될 것이다. 그리고 이 같은 노동의 재구성을 통해 모두를 위한 노동사회가 구축될 때에만, 노동은 다른 사람을 밀어내야 내가 앉을 수 있는 '의자놀이'가 아닌, 장애인을 포함한 사회구성원 모두가 자신의 삶의 가치를 실현할 수 있는 하나의 시민권으로 자리매김할 수 있을 것이다.

기본소득 vs 공공시민노동

기본소득이란 주지하다시피 재산이나 소득의 많고 적음, 노동 여부나 노동 의사와 상관없이, 미성년자를 포함한 사회구성원 모두에게 인간다운 삶을 영위할 수 있는 기본생활비를 현금으로 지급하는 것을 말한다. 그 내용 자체는 매우 간결하다. 그러나 기본소득이 워낙 다양한 이론적 입장에 근거해 주장되고 있을 뿐만 아니라, 현재는 그 구체적인 정책 내용도 편차가 크고, 현실 정치 세력들이 기본소득이라는 용어 자체를 다소 임의적으로 사용하고 있기 때문에 생산적인 논의를 진행하는 데 여러 곤란함이 존재한다.

한국사회에서는 현 기본소득당의 뿌리가 되는 사회당

이 선도적으로 기본소득을 주장했고,* 사회당이 합류한 시기의 노동당과 녹색당이 이를 당의 핵심 정책으로 채택한 바 있으며, 보수 정당의 일부 그룹도 기본소득을 이야기하고 있다. 한편 기본소득이 한국에 소개된 이후 운동사회나 진보적 오피니언 그룹 내에서는 전반적으로 우호적인 분위기가 강했고 지금도 그렇다고 할 수 있지만, 최근에는 비판적 논의 또한 활발히 이루어지고 있는 듯하다.** 그러나 기본소득 전반에 대한 엄밀한 비평은 필자의 역량을 넘어서는 일이기도 하고 이 장의 목적도 아닌 만큼, 여기서는 '소득 불평등 및 격차의 감소'와 '비개혁주의적 개혁 전략으로서의 유의미성'이라는 (서로 간접적으로 연결되어 있는) 두 가지 지점을 중심으로 기본소득과 공공시민노동을 비교하며 논의를 진행해보고자 한다.

---

* 다소 주관적인 판단일 수 있지만, 한국사회에서 기본소득이 본격적인 의제로 논의되기 시작한 것은 2010년 1월 말 사회당의 주도로 '기본소득 국제학술대회'가 개최된 이후라고 생각한다. 이 학술대회를 위해 제작된 두 권의 자료집 《글로벌 시대의 지속 가능한 유토피아와 기본소득》, 《모두에게 기본소득을!》은 한국의 기본소득운동 안에서 이루어진 논의의 변화를 추적할 때 가장 먼저 검토해볼 만한 텍스트라 할 수 있을 것이다.

** 대표적인 문헌으로는 《기본소득, 공상 혹은 환상》(김공회, 오월의봄, 2022), 《기본소득 비판》(이상이, 밈, 2021), 《기본소득을 넘어 보편적 기본서비스로!》(안나 쿠트·앤드루 퍼시, 김은경 옮김, 클라우드나인, 2021), 《기본소득은 틀렸다》(김종철, 개마고원, 2020) 등을 들 수 있을 것이다.

1) 소득 불평등 및 격차의 감소라는 측면에서

신자유주의적 유연 축적 체제의 전면화는 국제적인 차원에서뿐만 아니라 각 정치경제 공동체 내부 구성원들 간의 소득 불평등 및 격차 역시 크게 심화시켰다. 이에 대해서는 수많은 데이터가 제시되어왔으므로 굳이 더 설명할 필요조차 없을 것이다. 그렇다면 우리가 가장 먼저 던져볼 수 있는 핵심 질문 중 하나는 과연 기본소득이 현 시기 가장 첨예한 정치적 이슈인 이 소득 불평등 및 격차의 감소에 얼마나 기여할 수 있는가가 아닐까 싶다. 물론 이는 구체적으로 지급될 기본소득의 수준과 연동되어 있는 문제이기는 하지만 잠정적인 논의 정도는 가능하다.

논의의 구체성을 위해 기본소득의 지급 대상이 되는 시민들을 간략히 불인정 노동 계층, 불안정 노동 계층, 안정적 노동 계층의 세 집단으로 구분해보자. 첫 번째 불인정 노동 계층은 구조적으로 반영구적 실업 상태에 있는 사람들, 노동의 의사가 있지만 그 기회를 갖지 못해 노동소득이 없는 사람들이다. 여기에는 많은 수의 장애인,* 기초생활수급자, 청년

---

* 우리나라의 만 15세 이상 등록장애인 중 3분의 2에 가까운 64.1%는 아예 비경제활동인구로 분류되며, 고용률은 34.5%에 불과하다. 이윤지 외, 《2024년 하반기 장애인 경제활동 실태조사》, 한국장애인고용공단 고용개발원, 2024, 112쪽.

실업자, 퇴직 노인 등이 포함될 것이며, 노동시장에서의 일자리가 지금보다 줄어들 미래에는 이 집단에 포함될 인구도 더 늘어날 것이다. 다음으로 불안정 노동 계층은 노동의 기회를 갖고 일정한 소득이 있지만 비정규직, 임시직, 일용직, 영세 자영업 등에 종사하며 실업과 취업을 반복하는 사람들이다. 필자와 같이 사회운동을 하는 활동가들이나 계약직의 형태로 연구 및 강의 업무를 수행하는 연구자들도 대략 이 계층에 포함될 것이다. 그리고 마지막 안정적 노동 계층은 정규직이나 전문직 등에 종사하며 안정된 소득을 올리는 중산층 및 고소득층을 포괄한다. 이들 모두에게 기본소득한국네트워크 Basic Income Korean Network, BIKN의 핵심 그룹인 기본소득당이 2022년 대선 시기부터 2024년까지 제시했던 월 70만 원의 기본소득이 지급된다고 상정해보자.

결론부터 말하자면, 이 70만 원의 기본소득은 안정적 노동 계층(중산층 및 고소득층)에게는 그다지 큰 의미가 없는 금액일 수 있고, 필자와 같은 활동가들을 포함한 불안정 노동 계층(저소득층)에게는 상당한 도움이 되지만, 불인정 노동 계층(빈곤층)에게는 도움이 되지 않는다. 왜 그런가? 기본소득은 교육, 의료, 주거, 돌봄서비스 등의 기본 복지는 유지하지만, 실업급여, 기초생활수급자 생계급여, 기초노령연금, 장애인 연금 등 소득 보장을 위한 다양한 형태의 현금 급여는 이 기본소득으로 통합하는 것을 전제로 한다. 그런데 현재 기본소득으로 상정되고 있는 금액은 대략 1인 가구 최저생계비(2024년 기준 71만 3000원)에 상당하는 수준이다. 즉 1인 가구 빈곤층의 경우 기초생활수급자 생계급여로 70여만 원을 받다가 기본소득이라는 이름으로 동일한 70만 원을 받게 된다.* 최저임금인 200만 원 정도를 받던 사람은 70만 원이 늘어난 270만 원의 소득이 생기고, 500만 원을 받던 직장인 역시 70만 원이 추가된 570만 원의 소득을 갖게 된다. 결국 빈곤층과 나머지 계층 간의 소득 격차는 오히려 더 벌어지는 것이다.** 예컨대 노들야학에서 상근자로 일하며 최저임금을 받는 필자와 기초생활수급자로 생활해왔던 장애인 학생들의 소득 격차는 보편적 기본소득에 의해 더 커지게 된다.

물론 기본소득의 지급액이 더 높아지면 (소득액의 격차

---

* 중증장애인 수급자의 경우에는 생계급여에 더해 40만 원 수준의 장애인연금을 받고 있기 때문에 오히려 소득 감소가 발생한다. 기초노령연금과 달리 장애인연금은 기초생활수급자 생계급여액 산정 시 소득인정액에 포함되지 않기 때문이다.

** 기본소득의 설계자들 중에서는 고소득층에게 지급된 기본소득을 사후적으로 세금을 통해 환수하는 방안을 제시하는 이들도 있는데, 이것이 과연 기본소득의 정의에 부합하는지, 그리고 어느 수준의 소득 범위에 있는 이들부터 환수의 대상이 되는 게 정당한지는 또 다른 논쟁거리라 할 수 있다. 설령 이런 방안이 포함된 기본소득제도라 하더라도, 기초생활수급자의 범위에 있는 빈곤층과 그 상위 계층 간의 소득 격차가 확대된다는 문제는 해소되지 않는다.

는 유지되더라도) 상대적 소득 비율에서의 불평등은 어느 정도 완화될 수 있다. 예컨대 기본소득 지급액을 최저임금 수준인 200만 원까지 올릴 경우, 최저임금을 받던 필자의 소득은 200만 원에서 400만 원이 되고, 1인 가구 기초생활수급자의 소득은 70만 원에서 200만 원이 되므로, 소득액 비율은 3분의 1 수준에서 2분의 1 수준까지 올라오게 된다. 그러나 근본적인 문제는 변하지 않는다. 평생을 한정된 기본소득에만 의지해야 하는 (대다수 중증장애인을 포함한) 불인정 노동 집단과 기본소득에 더해 노동소득을 올리는 집단 사이의 분할 및 계층화가 존재하게 되는 문제 말이다. 기본소득은 불인정 노동 계층보다는 주로 불안정 노동 계층을 염두에 둔 제도라 할 수 있으며, '동일한 금액'을 사회구성원 '모두에게' 지급한다는 바로 그 원칙과 제도적 경직성 때문에 유의미한 소득 재분배 효과를 내기 어렵다.

기본소득론자들은 여기서 부유세 등의 여러 조세정책이 기본소득 제도와 결합되기 때문에 소득 재분배 효과가 있다고 이야기할 수도 있겠지만, 그런 조세정책은 모든 형태의 사회복지 제도와 결합될 수 있고 또 결합되어야 하기 때문에 기본소득 제도로 인한 효과라고 말하는 건 적절치 않다. 또한 기본소득은 노동 가능 연령 미만의 인구에게도 제공되기 때문에 다인 가구의 경우 공공시민노동 시스템보다 많은 소득을 보장한다고 주장할 수도 있겠지만, 우리나라의 경우 1~2인 가구가 전체 가구의 약 65%를 차지할 정도로 급속하게 늘어나고 있으며, 결정적으로 기초생활수급 가구의 4분의 3 가까이가 1인 가구라는 현실이 반드시 고려되어야만 한다.*

반면 공공시민노동 시스템에서는 안정적 노동 계층에게 당연히 아무런 소득 재분배가 이루어지지 않는다. 불안정 노동 계층 중 최저임금 내외의 수입을 올리는 이들에게는 소득의 안정성과 더불어 다소간의 소득 상승 효과가 있을 것이다. 그리고 불인정 노동 계층에게는 매우 큰 소득 상승 효과를 가져온다. 아주 단순하게 비교했을 때, 모든 국민들에게 동일하게 월 70만 원을 기본소득으로 지급하는 규모의 예산이라면, 이를 가지고 기본소득액의 4배인 월 280만 원을 지급하는 일자리를 전 국민의 4분의 1에 해당하는 숫자만큼 만들 수 있다. 이 일자리를 통해 소득이 상승되는 이들은 불인정 노동 계층과 최저임금 수준의 급여를 받는 노동자들이다. 결국 공공시민노동은 고소득층 및 중산층의 소득은 변동이 없는 상태에서 불인정 노동 계층과 불안정 노동 계층 중 상대적으로

---

* 통계청의 〈2024 통계로 보는 1인 가구〉(2024. 12. 9) 자료에 따르면, 2023년 기준 우리나라 전체 가구 중 1~2인 가구의 비율은 64.3%였다(7쪽). 그리고 기초생활수급 가구 중 1인 가구의 비율은 73.5%로, 2015년의 60.3%에서 13%p 이상 증가했다(33쪽).

소득이 낮은 인구 집단의 소득을 끌어올리기 때문에, 소득 격차를 일정하게 감소시키는 효과를 가져오게 된다.

2) 비개혁주의적 개혁 전략으로서의 유의미성이라는 측면에서

소득 불평등 및 격차의 감소라는 측면에서 기본소득과 공공시민노동이 이러한 차이를 보이는 것은 소득 재/분배의 성격 내지 층위라는 차원의 문제와 연동되어 있다. 공공시민노동은 보편적인 노동권을 보장함으로써 노동소득 자체에서의 평등 정도를 향상시킨다. 반면 기본소득은 일차적 분배의 성격을 갖는 노동소득(임금)은 그대로 둔 채 재분배(사회적 임금)의 영역에 개입하는 제도다. 그런데 노동소득의 불평등 정도를 완화하기 위한 재분배는 기본적으로 소득이 적은 이들에게 더 많이, 소득이 많은 이들에게 더 적게 이루어질 때 유의미한 효과를 담보할 수 있다(그러나 이 같은 방식은 기본소득의 정의 자체와 충돌한다). 그렇지 않다면 앞서 언급했듯이 모두에게 동일하게 제공되는 사회적 임금의 금액이 노동소득의 불평등 정도를 비율적으로 상쇄할 만큼 커져야 의미가 있다. 그러나 이런 방식의 재분배를 실행하기 위해서는 막대한 재정이 소요될 수밖에 없다. 기본소득의 딜레마는 이 지점에 존재한다.

소득 불평등 및 격차의 감소는 하나의 제도로서 기본소

득과 공공시민노동을 평가하는 중요한 기준일 수 있다. 제도 시행의 유의미성과 효과성이라는 측면에서 말이다. 필자는 이런 측면에서 공공시민노동이 기본소득보다 우위에 있을 수 있음을 논했다. 그러나 이와는 다소 상이한 측면에서 또 다른 평가 지점이 존재할 수 있는데, 이는 앞서 언급했듯 기본소득과 공공시민노동 양자가 '비개혁주의적 개혁'으로서의 지향을 갖고 있기 때문이다. 즉 단순히 자본주의 사회의 문제와 위기를 해소 내지 봉합하는 것을 목적으로 하는 것이 아니라, 자본주의 사회에서 새로운 체제로의 이행을 자극하고 촉발할 수 있는 가능성을 염두에 둔 제도인 것이다. 어떤 점에서 양자가 그러한 이행을 촉진하는 기제가 될 수 있는가? 그리고 둘 중 무엇이 그와 같은 자극제로서의 역할을 수행할 가능성이 높은가?

기본소득에 대한 논의에서 찾아볼 수 있는 비개혁주의적 개혁으로서의 요소는 그것이 상대적 과잉인구로서 실업자가 받는 경제적 압박을 완화해준다는 점, 따라서 노동자들이 자본의 전횡에 맞서 좀 더 과감하게 단결하고 투쟁할 수 있도록 해준다는 점이다. 해고가 살인과 같은 것일 때 노동자들은 자신의 생명줄을 쥐고 있는 자본에 크게 종속될 수밖에 없다. 그러나 실업 상태에서도 자신의 삶을 비교적 안정적으로 영위할 수 있다면, 해고라는 자본의 무기가 지닌 치명성은 어느 정도 무뎌지게 된다. 만일 기본소득의 효과가 이런 식으로 발현된다고 가정하면, 공공시민노동 역시 동일한 맥락에서 비개혁주의적 개혁의 유의미성을 지닌다고 할 수 있을 것이다. 또한 최저생계비에 상당하는 수준의 기본소득보다는 최저임금 이상의 일자리가 공적으로 보장되는 공공시민노동이 보다 더 확실한 대안을 제공한다고 말할 수 있을 것이다.

그러나 이런 측면은 새로운 사회로 이행하려는 운동을 촉진하는 '자극제'가 될 수도 있지만, 현 체제를 견딜 만한 것으로 만드는 '해독제'로 작용할 수도 있다. 자본주의 사회 안에서 작동하는 대부분의 사회복지 제도가 이와 같은 이중성을 갖는다는 점을 생각하면 사실 이것이 크게 새로운 이야기는 아닐 것이다. 좌파와 우파 모두가 기본소득을 근미래에 실행해볼 수 있는 하나의 대안으로 여기고 있다는 점 또한 이런 이중성을 잘 보여준다. 그렇다면 기본소득과 공공시민노동은 자본에 대한 노동자 계급의 대항력을 높여줄 수 있다는 점 이외에 추가적인 비개혁주의적 개혁의 요소를 지니고 있을까?

이에 대해서는 좀 더 면밀한 검토와 논의가 필요하겠지만, 우선 한 가지는 언급해둘 수 있을 듯하다. 기본소득이 자본주의 체제의 표층에 해당하는 재분배의 영역만을 재구조화하는 제도인 반면, 공공시민노동은 보다 심층에 해당하는 생산의 영역에서 노동의 재구조화를 꾀한다는 점이다. 자본주의란 노동(력)이 상품으로 존재하거나 취급되는 사회다. 공공시민노동 시스템은 부분적으로나마 노동의 탈상품화를 이루어냄으로써, 공공 영역이 전체 노동 중 이 탈상품화된 노동의 지분—앞선 논의를 기준으로 하자면 대략 25% 정도—을 가지고 노동시장을 통어할 수 있도록 만들고자 하는 지향을 갖는다. 이는 예컨대 A라는 집단이 어떤 기업의 주식 25% 정도를 보유하고 있고 나머지 75%를 개별 소액주주들이 보유하는 경우, A라는 집단이 그 기업의 운영 전반을 일정하게 통어할 수 있는 것과 유사하다고 할 수 있다. 공공시민노동 자체가 아직 정교하게 구체화된 시스템은 아니지만, 바로 이 지점이 비개혁주의적 개혁을 진전시킬 수 있는 중요한 단초가 될 수 있으리라 생각한다. 필자가 공공시민노동에 관심을 지닌 연구자 및 활동가들과 함께 수행하고 싶은 이후의 연구 과제이기도 하다.

8장

기후위기와 장애

온난화의 시대는 끝났다

"지구 온난화global warming의 시대는 끝났다." 안토니우 구테흐스 유엔 사무총장은 2023년 7월 27일 뉴욕 유엔 본부에서 열린 브리핑에서 지구 온난화 시대의 종식을 선언했다. 그리고 다음과 같이 덧붙였다. "이제, 지구 열탕화global boiling의 시대가 도래했다."

그의 선언은 개인적 직관에 따른 단순한 경고성 발언이 아니었다. 세계기상기구World Meteorological Organization, WMO가 유럽연합의 기후변화 감시기구인 코페르니쿠스 기후변화서비스Copernicus Climate Change Service, C3S의 데이터를 분석한 바에 따르면, 2023년 7월 지구 표면 평균 기온은 16.95도로 1940년 관측과 기록이 시작된 이후 역대 월별 기록 가운데 가장 높았다.

1991년부터 2020년까지의 7월 평균 기온과 비교하면 0.72도 높고, 지금까지 가장 더운 달로 기록되었던 2019년 7월의 16.63도마저 뛰어넘었던 것이다.¹ 마찬가지로 C3S의 보고서에 따르면, 2024년 5월의 지표면 평균 온도 역시 15.9도로 역대 5월 중 가장 높았다. 이는 2023년 6월부터 12개월 연속으로 월별 '역대 가장 더운 달'을 기록한 것이었으며, 이러한 추세 속에서 2024년 지구 평균 기온은 산업화 이전(1850~1900년) 대비 1.55도 높았다.² 잘 알려져 있다시피, 2015년 〈파리협정Paris Agreement〉에서 목표로 제시된 기온 상승폭 제한 기준은 산업화 이전 대비 1.5도이다.*

그렇다면 왜 이렇게 지구의 기온이 올라가고 있는가? 주지하다시피 '경제성장'—더 정확히는 '이윤 추구'와 '자본 축적'—을 위해 화석연료를 끊임없이 태우고 추출주의extractivism에 기반한 경제 시스템이 생태계를 파괴하면서 이산화탄소가 지구 대기층에 축적되고 있기 때문이다. 현재 전 세계 탄소 배출량 중 약 70% 이상을 글로벌 100대 대기업이 뿜어

---

*   〈파리협정〉 이후 2018년 한국에서 개최된 '기후변화에 관한 정부간 협의체Intergovernmental Panel on Climate Change, IPCC' 제48차 총회에서는 《지구온난화 1.5℃ 특별보고서》가 승인되었다. 이 특별보고서는 지구 평균 기온 상승을 1.5도 이내로 억제할 수 있도록 전 세계 이산화탄소 배출량을 2030년까지 2010년 대비 최소 45% 감축하고, 2050년까지 순배출량 0(넷제로net zero)을 달성할 것을 강력히 권고했다.

지난 60여 년 동안 대기 중 이산화탄소 농도가 100ppm 이상 증가해 2022년 5월 처음으로 420ppm을 넘어섰다.
(이미지 출처: https://en.wikipedia.org/wiki/Keeling_Curve)

내고 있으며, 1988년 이후로는 단 25개 기업이 전체 배출량의 절반을 차지했다.[3] 미국의 저명한 대기화학자 찰스 데이비드 킬링은 하와이의 마우나 로아 관측소Mauna Loa Observatory에서 이산화탄소 농도를 지속적으로 측정해왔는데, 그가 1958년 3월 29일 처음 이산화탄소 농도를 측정했을 때의 수치는 315ppm이었다. 그런데 이 수치가 2022년 5월 420.99ppm

을 기록해 처음으로 420ppm을 돌파했다. 64년 사이 무려 106ppm이 증가한 것이다. 이 수치를 그래프로 나타낸 것을 그의 이름을 따서 '킬링 곡선Keeling curve'이라고 부르는데, 끊임없이 우상향하고 있는 킬링 곡선은 기후위기의 심화 추세를 직관적이고도 상징적으로 보여준다.[4]

이처럼 점점 뜨거워지고 있는 지구는 말 그대로 '불타고' 있다. 권위 있는 의학 저널 《란셋The Lancet》의 추산에 따르면 2019년에만 극단적인 더위로 목숨을 잃은 사람이 전 세계적으로 48만 9000명에 달했는데, 이는 홍수, 산불, 태풍을 비롯한 다른 모든 자연재해로 발생한 사망자를 전부 합친 것보다도 많은 숫자다.[5] 2018년 가뭄이 장기간 지속된 육지 표면적은 1950~2005년 역사적 기준치의 2배 이상이었고, 2001~2004년 데이터와 2016~2019년 데이터를 비교했을 때 분석 대상이 된 169개 국가 중 58%에서 산불 위험이 증가했으며,[6] 1996년부터 2021년까지 전 세계 화재 면적은 무려 320% 증가했다.[7]

한국 역시 당연히 전 지구적인 기후변화의 영향에서 자유로울 수 없다. 한반도가 점차 아열대 기후에 근접하면서 '사계절이 뚜렷한 대한민국'은 이제 옛말이 되었고, 언제부턴가 일기예보에서는 '역대 최고'라는 단어가 수시로 등장하고 있다. 역대급 폭염과 호우가 번갈아 나타난 2025년 여름에는 '괴물 폭우'라는 용어까지 사용되었다. 사정이 이렇다 보니 우리나라 기상청은 2010년부터 관계 부처와 합동으로 매년 이상기후 보고서를 발간하고 있는데, 이는 '이상'이 '일상'이 되어버린 기후 현실을 반영한다.

《2023년 이상기후 보고서》와 《2024년 이상기후 보고서》를 함께 살펴보면 한반도의 기후변화와 기후재난이 얼마나 극적으로 진행되고 있는지를 좀 더 분명하게 확인할 수 있다. 한국의 2023년 연평균 기온은 13.7도로 기상관측망이 전국으로 확충된 1973년 이후 가장 높은 수치를 기록했다. 3월 전국 평균 기온이 9.4도였는데, 이는 평년(6.1도)보다 무려 3도 이상 높은 것이었다. 9월의 평균 기온도 22.6도로 기상관측을 시작한 이래 가장 높았으며, 특히 서울의 경우 1935년 이후 88년 만에 '9월 열대야'가 나타나기도 했다. 그런데 2024년의 연평균 기온은 14.5도로, 단 1년 만에 역대 최고 기록을 무려 0.8도나 갱신했다. 열대야 일수도 역대 최고인 24.5일로 평년(6.6일) 대비 3.7배에 달했다.

한편 2020년 7.7일이었던 폭염 일수는* 2023년 14.2일로 3년 만에 2배가량 늘어났고, 이에 따라 온열질환자도 급

---

* 폭염heat wave에 대한 기준은 국가마다 차이가 있는데, 우리나라 기상청의 경우에는 일최고체감온도가 33도 이상인 날을 폭염일로 정의한다.

증했다. 2023년의 온열질환자는 전년보다 1254명이 증가한 2818명(사망 32명)이었는데, 이는 2011년부터 2023년까지 감시 체계 운영 기간에 발생한 온열질환자 수의 평균인 1625명 대비 73.4% 증가한 수치였다. 그런데 2024년의 폭염 일수는 30.1일, 온열질환자 수는 3704명(사망 34명)으로, 2023년 대비 다시 각각 112%와 31.4%나 증가했다. 이러한 추세는 탈성장 경제로의 근본적인 체제 전환이 이루어지지 않는 한 앞으로도 지속될 것이다.

기후위기 최일선 당사자로서의 장애인

2022년 8월 8일, 서울 관악구 신림동의 다세대주택 반지하에 거주하던 40대 발달장애 여성 A씨와 그의 여동생, 여동생의 10대 딸 등 일가족 3명이 서울·수도권의 집중호우로 집이 침수되면서 사망하는 참사가 발생했다. 같은 날 동작구 상도동 반지하 주택에서도 50대 발달장애 여성 B씨가 비슷한 사고로 목숨을 잃었다. 신림동 다세대주택 반지하층에는 A씨 가족 외에도 다른 거주자들이 있었다. 비장애인인 이들은 폭우가 쏟아지자 집으로 찾아온 가족이 창문을 열고 방충망을 제거해 빠져나올 수 있었지만, A씨 가족은 긴급 상황에서 기민하게 대처하는 데 어려움을 겪었고 결국 세상을 등지고 말았다. B씨 가구의 경우 노모는 간신히 빠져나왔지만, 뒤따라 나오던 B씨는 키우던 고양이를 데리고 나오려다 불어난 물에 갇혀 탈출하지 못했다.[8] 기후변화로 인한 재난은 '전지구적'으로 '모든 이들'에게 영향을 미치지만, 2022년 여름의 참사가 상징적으로 보여주듯 장애인은 특히 더 불균형적으로 피해에 노출된다. 그 참사의 피해자인 A씨와 B씨는 발달장애인이었고, 여성이었으며, 수급자였고, 반지하에 거주하는 주거빈곤층이었다.

전 세계적으로 장애인은 미고용 상태에 있는 비율이 비장애인에 비해 압도적으로 높고, 교육 정도가 낮으며, 평균 소득도 낮다. 즉 기본적으로 많은 장애인들이 기후변화의 가장 나쁜 결과를 경험할 가능성이 높은 빈곤층에 속해 있으며, 유엔 인권이사회UN Human Rights Council, HRC는 2019년 7월 채택한 〈인권과 기후변화Human rights and climate change〉라는 제하의 결의안에서 장애인 인권이 "기후변화의 부정적 효과에 의해 불균형적으로 영향을 받고 있다"고 지적했다.[9] 실제로 기후변화는 장애인들의 건강, 주거, 접근성, 이동의 자유, 교육, 노동, 자립생활에 대한 권리를 위협하면서 그들에게 치명적인 영향을 미친다.

예컨대 점점 더 빈번해지고 극심해지는 폭염으로 인한

피해 역시 낮은 사회적 자본과 소득 수준, 열악한 주거지, 기저질환 등의 신체적 특성, (항정신병약antipsychotics이나 항우울제 등) 특정 약물의 체온 조절 기능 저해 등으로 인해 장애인에게 더 가중되어 나타난다. 전 세계적으로 7000만 명 이상의 사람들이 체온 조절 능력을 크게 저하시킬 수 있는 자가면역질환을 지니고 있으며, 척수 손상이 있는 이들은 땀을 흘리지 못할 수 있고, 비만세포활성화증후군mast cell activation syndrome이 있는 사람은 알레르기 반응이 심해질 수 있다. 당뇨병, 고혈압, 심장병, 신경계 질환을 지닌 사람들 또한 고열의 환경에서 어려움을 겪는다.[10] 서울대학교 보건대학원 박진아 등의 연구에 따르면, 장애인의 폭염 취약도(폭염 노출에 따른 응급실을 경유한 입원 위험)는 비장애인에 비해 2.5배 높은 것으로 나타났다. 즉 평소 응급실을 경유한 입원 인원을 100명이라고 상정하면, 폭염 시 비장애 인구는 이 같은 입원 인원이 106명으로 6명 증가한 데 비해 장애인은 115명으로 15명이 증가했다. 특히 정신장애인과 지적장애인의 경우 이러한 폭염 취약도가 비장애인에 비해 각각 4배와 4.6배 높은 것으로 밝혀졌다.[11] 압데레자크 부차마 등이 수행한 메타 분석에서도 정신장애인이 폭염으로 인해 사망할 확률이 비장애인보다 3배 이상 높은 것으로 나타났다.[12]

전 세계적으로 1980~1989년에 비해 2000~2009년에 소위 '자연' 재난이 3배 증가했으며,[13] 각 재난은 장애인의 안전과 인권을 불균형적으로 위협한다. 예컨대 아시아·태평양 지역에서 자연 재난을 경험한 장애인의 실종률 및 사망률은 비장애인에 비해 최대 4배 더 높았다.[14] 유엔 재난위험경감사무소UNDRR(구 유엔 국제재난경감전략기구UNISDR)가 실시한 2013년의 글로벌 실태조사에 따르면, 갑작스러운 기상이변이 발생했을 때 즉시 대피할 수 있는 장애인은 20.6%에 불과한 것으로 나타났다.[15] 이처럼 장애인이 비장애인에 비해 기후재난에 더 큰 영향을 받는 것은 아래와 같은 요인들이 복합적으로 작용하기 때문이라 할 수 있다.

- 이동권의 문제: 이동성 장애를 지닌 사람들에 대한 적절하고 접근 가능한 교통수단의 미비로 인해 대피 시 버려지거나 방치됨.
- 충분한 활동지원의 부재: 재난 상황에서 신체적 장애인의 이동, 발달장애인의 의사 결정 및 상황 판단을 지원할 활동지원사가 부재한 경우 적절한 대응을 할 수 없음.
- 대피 시설의 접근성 미비: 정부와 지자체가 장애를 지닌 주민의 필요에 적절히 대비하는 경우가 드물기 때문에, 대피소는 접근이 불가능하거나 안전하지 않을 수 있음. 장애인이 대피소에서 배제되는 것은 이런 장소에서 분배되는 음

식과 의료서비스에 접근할 수 없게 만드는 복합적인 결과 또한 가져옴.

• 정보 접근권의 문제: 재난 관련 정보가 수어, 자막, 음성 메시지와 같이 시·청각장애인이 접근 가능한 형식이나, 발달장애인을 위한 쉬운 읽기 자료 등으로 제공되지 않는 경우가 대부분임.

• 전력 차단 시의 문제: 안정적인 전력 공급이 필요한 신체적 장애나 내부 건강 장애를 지닌 이들은 전력이 차단되면 치명적인 위험에 처할 수 있음(예컨대 인공호흡기 또는 투석기를 이용하는 장애인). 또한 어떤 이들에게 전력 중단은 즉각적으로 치명적이지는 않지만, 며칠 이상 지속될 경우 자립생활과 건강을 크게 위협함(예컨대 충전이 필요한 전동휠체어나 수면 무호흡증 치료 기계를 이용하는 장애인). 그러나 예비 발전기를 갖출 정도의 경제력을 지닌 장애인은 많지 않음.

• 인수공통 전염병 등의 문제: 기후변화는 코로나19와 같은 인수공통 전염병의 유병률에도 영향을 미침. 미국 질병통제예방센터Centers for Disease Control, CDC 로버트 레드필드 전前 국장은 최근 인체 감염 사례가 보고되고 있는 치사율 50%대의 고병원성 조류인플루엔자H5N1* 대유행이 "일어날지 여부

---

* 세계보건기구WHO에 따르면, 2003년 초부터 2024년 4월 초까지 세계

에 대한 문제가 아니라, 언제 일어나느냐의 문제"라고 경고한 바 있음.[16] 또한 영구동토층의 결빙 해제는 수천 년 동안 지구상에 존재하지 않았던 탄저병과 같은 질병들의 재유입 가능성을 높이고 있음. 이 같은 질병들은 사람들에게 새로운 장애를 발생시키고, 이미 장애를 가지고 살아왔던 사람들의 취약성을 더 악화시킬 수 있음.

- 기후이주climate migration에서의 장벽: 이주는 기후재난의 상황에서 사람들이 찾게 되는 선택지 중 하나임. 국내난민감시센터Internal Displacement Monitoring Centre, IDMC의 보고서에 따르면, 2017년에 135개국에서 1800만 명이 기상 관련 재난으로 인해 국내 이주를 해야 했음.[17] 국제이주기구International Organization for Migration는 2050년까지 기후변화로 인해 2억 명이 이주할 것으로 추정하고 있음.[18] 장애인의 경우 빈곤과 사회적 지원의 부족뿐만 아니라 접근 가능한 정보, 교통, 주거 등의 문제로 인해 적응 선택지로서의 이주에서 심각한 장벽에 마주함.

23개국에서 889건의 인간 조류인플루엔자 감염 사례가 발생했으며, 이 중 463명이 사망해 치사율 52%를 기록했다. 2020년부터 3년간 전 세계적으로 유행했던 코로나19의 치사율은 0.6%에 그친다.

국제 인권 규범에서의 장애와 기후정의

1) 유엔 〈장애인권리협약〉

유엔 〈장애인권리협약Convention on the Rights of Persons with Disabilities, CRPD〉은 전문前文에서 당사국이 "장애 문제를 지속가능한 발전 관련 전략의 필수적인 부분"이 되도록 해야 한다고 언급하고 있다. 그리고 제11조(위험 상황 및 인도적 긴급사태)에서는 당사국이 "인도적 비상사태 및 자연재해의 발생"을 포함한 "위험 상황에서 장애인의 보호와 안전을 보장하기 위한 모든 필요한 조치"를 취해야 한다고 명시함으로써 기후변화의 맥락에서 이러한 의무를 명확히 하고 있다. 또한 유엔 장애인권리위원회는 CRPD에 대한 정기 국가보고서를 검토하고 최종 견해를 발표할 때 여러 차례 기후변화의 문제를 언급해왔다.

- 과테말라와 온두라스에 대해서는 "기후변화 정책과 프로그램에서 장애를 주류화할" 것을 권고.[19]
- 파나마에 대해서는 "기후변화에 대한 정책과 프로그램에 장애적 관점을 통합할" 것을 권고.[20]
- 볼리비아와 콜롬비아에 대해서는 "기후변화 적응 및 재난 위험 경감 전략에 장애인을 포함시킬" 것을 권고.[21]
- 세이셸Seychelles[인도양 서부의 92개 섬들로 이루어진 공화국]에 대

해서는 "모든 재난 위험 경감 및 관리 계획과 기후변화 적응의 설계 및 이행에 장애인의 요구 사항이 포함되도록 장애인 단체와 긴밀히 협의할" 것을 권고.[22]
- 호주에 대해서는 "장애인 대표 단체와 긴밀히 협의하여, 센다이 프레임워크의 이행 및 모니터링에 장애인이 참여할 수 있는 완전하고 접근 가능하며 비배제적인 메커니즘을 확립할" 것을 권고.[23]

이처럼 유엔 장애인권리위원회의 권고 내용은 대부분 기후정책과 기후행동climate action에서 장애인의 참여를 보장하는 것과 관련된다. CRPD의 제4조(일반 의무) 역시 당사국이 "모든 정책 및 프로그램에서 장애인의 인권 보호와 증진을 고려"하고(1항 (c)) 그 과정에서 "장애인 대표 단체들을 통하여, 장애 아동을 포함한 장애인들과 긴밀히 협의하고 이들을 적극적으로 참여토록" 할 것을 의무화하고 있지만(3항), 기후변화와 관련한 국제적·국내적 논의의 장에서 장애인의 참여는 거의 이루어지지 못하고 있다.

2) 지속가능한 발전 목표

2015년 9월 유엔 총회에서 채택된 〈지속가능한 발전을 위한 2030 의제Transforming our world: the 2030 Agenda for Sustainable

Development〉에서 제시하고 있는 '지속가능한 발전 목표Sustainable Development Goals, SDGs'는 목표 13번에서 국가가 "기후변화와 그 영향에 대처하기 위하여 긴급한 행동을 취할 것"을 요구하고 있다.[24] 그리고 이를 포함한 총 17개의 모든 SDGs를 이행하는 과정에서 장애를 충분히 고려되어야 할 교차적 이슈로 인식하고 있는 것으로 평가된다.

SDGs 이전의 '새천년 개발 목표Millennium Development Goals, MDGs'에서 장애인에 대한 고려가 사실상 전무했던 것에 비해, 〈지속가능한 발전을 위한 2030 의제〉 문서에서는 '장애disability'가 5회,[25] '장애인persons with disabilities'이 4회 구체적으로 언급되고 있다.[26] 또한 우리나라의 장애인운동에서도 종종 사용되는 "누구도 뒤에 남겨지지 않는다No One left Behind"라는 문구가 바로 SDGs의 슬로건으로, 이는 해당 문서에서 전문을 비롯해 총 5회 등장한다.[27]

3) 센다이 프레임워크

2015년 3월 일본 센다이에서 개최된 제3차 세계재난위험경감회의World Conference on Disaster Risk Reduction, WCDRR에서 채택되고, 같은 해 6월 유엔 총회에서 통과된 〈재난 위험 경감을 위한 센다이 프레임워크 2015~2030Sendai Framework for Disaster Risk Reduction 2015-2030〉은 "장애인과 장애인 단체가 재난 위험의 평가 및 계획의 설계와 이행에서 대단히 중요한" 것으로 간주된 첫 번째 문서라 할 수 있다.[28] 구체적으로 센다이 프레임워크는 "장애인들이 …… 보편적으로 접근 가능한 대응, 복구, 재활, 재건 접근법을 공적으로 주도하고 촉진할 수 있도록 권한을 부여하는 것이 핵심"임을 천명하고 있다.[29]

4) 국제 인권 규범에 기반한 장애인들의 행동

2018년 8월 "기후를 위한 학교파업Skolstrejk för Klimatet"이라는 문구가 적힌 피켓을 들고 스웨덴 국회의사당 앞에서 '미래를 위한 금요일Fridays for Future' 1인 시위를 시작했고, 2019년 전 세계 125개 국가에서 150만 명 이상이 참여한 동맹휴학 운동을 주도한 그레타 툰베리는 11세 때 아스퍼거증후군 진단을 받은 장애인이기도 하다. 그를 비롯한 16명의 청소년은 아르헨티나, 브라질, 프랑스, 독일, 터키 등 5개 국가가 기후변화 완화에 실패하여 생명권, 건강권, 문화에 대한 선주민 인권을 침해했다며 2019년 9월 유엔 〈아동권리협약Convention on the Rights of the Child, CRC〉에 따라 청원을 제기했다.

2021년 10월 유엔 아동권리위원회Committee on the Rights of the Child는 해당 국가들이 "영토 밖에서 아동에게 합리적으로 예측 가능한 피해를 야기하는 배출원에 대한 실효적 통제력"을 지니고 있으며, 따라서 탄소 배출에 대해 국내적 책임뿐만 아니라 영토 외적 책임도 있다고 판시했다. 유엔 아동권리위원회가 보기에 청원을 제기한 이들은 "그들의 피해자 지위를 정당화할 수 있는 실질적이고 중대한 피해를 개인적으로 경험했다는 사실을 일단은 자명하게 prima facie 입증했다".[30] 하지만 유감스럽게도 이들의 청원은 국내 구제 수단을 모두 소진하지 못했다는 이유로 끝내 받아들여지지 않았다.

또한 유엔 아동권리위원회의 결정이 발표되었던 2021년 10월 바로 그 같은 달에, 14~24세의 호주 청소년 및 청년 5명이 장애인과 선주민으로서의 권리를 주장하며 '인권 및 환경, 장애인 권리, 선주민의 권리에 관한 유엔 특별보고관'에게 집단으로 진정서를 제출했다. 이 진정서는 호주의 2차 국가 온실가스 감축 목표 NDC가 "온난화를 1.5°C로 제한하는 데 심각하게 부적절하다"고 주장하면서, 호주의 조치 미흡이 "장애인에 대한 인권 의무에 부합하는지"를 포함하여 호주 정부에 시정과 설명을 요구했다.[31]

오스트리아에서는 우토프 증후군 Uhthoff's Syndrome(온도 의존성 다발성경화증)을 지닌 한 장애인이 정부가 온실가스 배출을 줄이기 위한 효과적인 대책을 마련하지 않아 자신의 생명권에 대한 위험을 허용하고 가족 및 사생활의 권리를 침해했다고 주장하며, 〈유럽인권협약 European Convention on Human Rights, ECHR〉에 따라 2021년 3월 유럽인권재판소 European Court of Human Rights,

ECtHR에 소송을 제기하기도 했다.[32]

기후변화로 인해 인권을 침해당하고 국내의 법률적·제도적 구제 수단을 모두 소진한 장애인은 CRPD 선택의정서를 비준한 당사국을 상대로 유엔 장애인권리위원회에 진정을 제기할 수 있는데, 한국도 뒤늦게나마 2022년 12월에 선택의정서를 비준한 바 있다.

기후행동과 기후정책에서의
참여적 (부)정의

기후행동과 기후정책에서 가장 기본적인 문제 중 하나는 장애인이 기후위기로 인해 불균형적인 영향을 받고 있음에도 장애가 기후위기 대응에서 제대로 고려되고 있지 않으며, 기후행동과 기후정책의 수립에서 장애인의 참여가 배제되고 있다는 것이다. 사람들에게 정보를 제공하고, 원조를 동원하고, 피해 후 재건을 도모하는 데 사용되는 사회기반시설과 기술들에 비장애중심주의적 가정들이 내장되어 있기 때문에,[33] 이러한 참여적 부정의의 악영향은 더욱 가중된다.

미국 연방정부 산하의 13개 기구로 구성된 미국지구변화연구프로그램U.S. Global Change Research Program, USGCRP은 의회, 비상사태 대응계획 수립자, 자원 관리자, 공중보건 분야 공무원, 기타 의사 결정자에게 기후변화의 영향을 알리는 데 도움을 주기 위해 4년마다 보고서를 발간하고 있다. 그러나 2018년 발간된 1515쪽 분량의 《제4차 국가기후평가The Fourth National Climate Assessment》에는 '장애disability' 또는 '장애인persons with disabilities or the disabled'이라는 단어가 단 5회만 등장한다. 이는 보고서 전반에서 27회 사용된 '여성women'과 '여성의female'라는 단어, 그리고 166페이지에 걸쳐 수백 차례 사용된 '선주민의indigenous'라는 단어와 대비를 이룬다.[34]

현재 국제적 기후위기 대응의 가장 기본적인 문서이자 규범이라 할 수 있는 〈파리협정〉은 전문에서 단 한 차례 '장애인'에 대한 언급이 있을 뿐, 본문 그 어디에서도 장애를 구체적으로 다루고 있지 않다. 또한 국제 장애인권 단체들의 권익옹호 노력에도 불구하고 현재 〈유엔 기후변화협약United Nations Framework Convention on Climate Change, UNFCCC〉 당사국총회Conference of Parties, COP 사무국에 의해 인정된 '장애 부문 협의체disability constituency'*는 존재하지 않는다. 결과적으로 부문 협의체에 의

---

*   〈유엔 기후변화협약〉 당사국총회는 기본적으로 국가가 의결권을 지닌 주요 행위자이지만, 다양한 NGO들이 총회에 참여하면서 사무국 및 당사국들과 소통 채널을 구축해왔다. 그 결과 각각의 주안점을 지닌 '부문 협의체constituency'가 공식적으로 인정받아 활동을 전개하게 되었으며,

해 대표되면서 옵서버observer로 참여하는 ① 비즈니스 및 산업 단체 ② 환경 단체 ③ 지방자치단체 ④ 선주민 단체 ⑤ 연구 단체 ⑥ 노동조합 ⑦ 여성 및 젠더 단체 ⑧ 청소년 단체 ⑨ 농민 단체 등과 달리 장애인 단체들은 본 회의에 효과적으로 개입할 수 없는 등 완전한 참여를 보장받지 못하고 있다.

앞서 언급했듯 2019년 7월 유엔 인권이사회는 기후변화 대응 시 장애인권을 고려할 것을 촉구하는 결의안을 채택한 바 있다. 이 결의안에서 주목해야 할 지점은 장애인이 기후변화에 의해 불균형적으로 영향을 받는다는 점을 강조한 것과 더불어 "재난 위험 관리 및 기후 관련 의사 결정에 장애인과 장애인 단체의 의미 있는 참여, 포함, 리더십을 보장할 필요성"을 명시하고 있다는 점이다.[35]

유엔 장애인권리위원회 또한 여성차별철폐위원회, 경제적·사회적·문화적권리위원회, 이주노동자권리위원회, 아동권리위원회와 함께 2019년 9월 〈'인권과 기후위기'에 관한 공동 성명〉을 발표한 바 있다. 이 성명에서 5개 위원회는 "탄소 배출량을 줄이고 기후 영향에 적응할 때 국가는 장애인에 대한 차별을 포함한 모든 형태의 차별과 불평등을 해결하기

현재 9개의 부문 협의체에 2900개 이상의 NGO가 가입되어 있다. 옵서버 자격을 획득한 하나의 NGO가 복수의 부문 협의체에 가입하는 것도 가능하다.

위해 노력해야 한다"고 명시하는 것과 더불어, "여성, 어린이, 장애인 등의 사람들을 피해자나 취약성의 관점에서만 바라봐서는 안 된다. 이들은 기후변화 대응을 위한 지역적·국가적·국제적 활동에서 변화의 주체이자 필수적인 파트너로 인정받아야 한다"고 강조하고 있다.[36]

이와 같은 참여적 정의 participatory justice가 요청되는 것은 기후행동과 기후정책에서의 배제로 인해 장애인이 더 큰 피해를 보기 때문만은 아니다. 기후위기 담론에서 장애가 배제되면 장애인의 취약성이 높아질 뿐만 아니라, 기후위기 최일선 당사자이자 피해 생존자로서 장애인의 체험이 제공할 수 있는 통찰력을 기후정책에 반영하지 못해 일반 대중의 취약성도 높아지는 결과가 초래된다.[37] 이런 맥락에서 미국의 장애정의 disability justice* 운동 조직인 신스 인밸리드 Sins Invalid의 공동

---

* 'Disability justice'는 2020년 33세의 나이로 작고한 서울 출생의 한국계 장애 여성 스테이시 박 밀번(한국명 박지혜), 《망명과 자긍심》 등의 저서로 우리나라에도 잘 알려져 있는 일라이 클레어, 패티 번, 미아 밍거스, 리로이 F. 무어 주니어 등이 설립한 '장애정의집단 Disability Justice Collective'에 의해 2005년 처음 공식화된 용어다. 유색인종 퀴어 장애인들이 주도하고 있는 장애정의 운동은 ① 교차성 ② 가장 크게 영향을 받는 사람들의 리더십 ③ 반자본주의 정치 ④ 운동을 가로지르는 cross-movement 조직화에 대한 전념 ⑤ 존재의 완전함에 대한 인정 ⑥ 지속가능성 ⑦ 장애를 가로지르는 cross-disability 연대에 대한 전념 ⑧ 상호의존성 ⑨ 집단적 접근성 ⑩ 집단적 해방이라는 10가지 원칙을 지니고 있다. https://www.sinsinvalid.org/blog/10-principles-of-disability-justice

설립자 패티 번은 다음과 같이 말한다.

> 고통스럽고, 불편하고, 세상의 모든 잘못된 것들에 압도당해 절망할 때에도 우리는 삶과 인간성에 대한 희망을 포기해서는 안 된다. 퀴어-트랜스-장애인들은 그 점을 안다. 그것이야말로 우리가 살아온 방식이기 때문이다. 이 기후 혼란의 순간에 우리는 말한다. 우리 세계에 온 것을 환영한다. 우리에게는 모두가 살아남을 수 있도록 가르쳐줄 것이 있다. 만약 당신에게 들어볼 생각이 있다면 말이다.[38]

2020년 코로나19 팬데믹 초기에 대구·경북 지역을 중심으로 확진자가 급증했을 때 해당 지역의 장애인들은 사실상 국가 부재의 상태를 경험했지만, 장애인 단체들을 중심으로 연대와 상호 지지망을 구축하여 그 힘겨운 시기를 통과해낼 수 있었다. 이런 경험을 통해 축적된 지혜와 역량은 기후 비상사태가 초래하는 다양한 재난 상황에서 공동체 구성원 모두에게 보다 실효적인 정책과 실천 방안을 구축하는 데 기여할 수 있지만, 장애 배제적인 기후담론과 기후정책은 그 가능성을 차단해버린다.

전 세계적으로 장애인 단체들은 지역사회 기반의 공동체적 지원 활동을 고안하고 실행하는 데 앞장서는 경우가 많았다. 예컨대 2016~2019년에 캘리포니아에서 대형 산불이 연이어 발생했을 때, 지역의 장애인 단체들은 서로의 안부를 확인하고, 마스크와 공기 필터를 조달하고, 배터리를 충전 및 교체해주는 복잡한 프로그램을 조직해냈다. 특히 장애정의 운동 조직들은 2018년 11월 '캠프 파이어Camp Fire'로 명명된 대형 산불*로 공기 비상사태가 발생했을 때 '마스크 오클랜드Mask Oakland'라는 모임을 조직해 8만 개의 마스크를 무료로 나누었으며, 홈리스에게 우선권을 주었다. 또한 2019년 '킨케이드 파이어Kincade Fire'로 명명된 대형 산불 당시 퍼시픽가스앤드일렉트릭PG&E이 강제 단전 조치를 취하자,** 발전기와 공기청정기를 갖춘 허브 공간의 네트워크를 구축하기도 했다.[39]

---

*   미국에서는 관리와 기록의 편의 등을 위해 허리케인과 마찬가지로 산불에도 이름을 붙인다. 캘리포니아주 북부 뷰트 카운티에서 2018년 11월 8일 시작되어 17일간 지속된 이 산불은 서울보다 넓은 약 620km^{2}의 산림과 시가지를 잿더미로 만들었고, 1만 8804채의 건물을 전소시켰으며, 사망자가 86명에 이른 미국 역대 최악의 산불이었다. 당시 캘리포니아에서는 '울시 파이어Woolsey Fire', '힐 파이어Hill Fire'로 명명된 대형 산불이 남부 지역에서도 연이어 발생해 큰 피해를 남겼다.

** 미국 서부의 최대 전력회사인 PG&E는 노후한 전선과 장비들을 방치해 2018년의 캠프 파이어뿐만 아니라 2017년의 텁스 파이어Tubbs Fire 등 2015년부터 이어진 일련의 대형 산불에 원인을 제공했는데, 이에 대한 책임론이 불거지자 2019년 킨케이드 파이어 때는 강풍 등 위험 기상 상황에서 강제 단전 조치를 취했다. 결국 PG&E는 자신들의 과실로 인한 산불 희생자들의 피해 변제를 위해 135억 달러(2019년 당시 환율 기준, 한화 약 16조 원)의 배상금을 지불해야 했다.

그들은 동료 장애인을 도왔을 뿐만 아니라 빈곤층과 유색인 종도 지원했으며, 이 같은 활동은 코로나19 팬데믹으로까지 이어졌다.

푸에르토리코에서도 2017년 4600명이 넘는 사망자를 낸 최악의 허리케인 마리아가 덮쳤을 때나 코로나19 팬데믹 기간 동안 장애인 단체들이 주거 지원, 재가서비스 지원, 음식 배달, 고용 지원 등 장애인들의 기본 필요를 충족시켰던 바 있다. 레바논자기권리옹호협회Lebanese Association for Self-Advocacy, LASA는 지적장애를 지닌 중동의 기후난민과 그 가족이 타국에서의 생활에 적응할 수 있도록 동료 지원 네트워크를 구축했으며, 필리핀 장애인 단체들은 장애 포괄적disability-inclusive 재난 위험 감소 계획·정책·실천에 대한 교육 프로그램 매뉴얼인 《라하트 한다Lahat Handa(Everybody Ready)》를 개발하기도 했다.[40]

정의로운 전환과 공공시민노동

현재 한국의 진보적 장애인운동 진영에서 새로운 노동 패러다임으로 제시하고 있는 '공공시민노동'과 그 제도화 투쟁의 성과인 '권리중심 공공일자리'는 기후위기라는 시대적 조건과도 긴밀히 연동되어 있다.

현재의 기후위기 또는 기후 비상사태를 넘어서기 위해서는 탄소중립carbon neutral과 탈탄소 경제로의 전환이 필수적으로 요구되며, 화석연료 중심적 산업은 폐쇄되거나 대폭 축소되어야만 한다. 매우 기만적이고 불충분한 형태이긴 하지만 한국에서도 2021년 5월 '2050 탄소중립위원회'가 출범했다. 그리고 2034년까지 석탄화력발전소 60곳 중 30곳 이상이 폐쇄되면서 일자리 약 3만 개가 사라질 예정이며, 내연기관 자동차가 점차 전기차로 대체됨에 따라 하청업체나 정비 분야에서 일자리가 절반 가까이 줄어들 것으로 예상되고 있다.[41]

이처럼 탄소중립 사회로 나아가는 과정에서 그 피해와 부담을 특정 노동자들이나 지역에 전가하지 않는 '정의로운 전환just transition'이 요구되는데, 이를 위해서는 노동의 영역을 시장에 맡겨둘 수 없으며 공적인 개입이 절대적으로 필요하다. 〈파리협정〉도 전문에서 "국가별로 정의된 발전의 우선순위에 따라 노동력의 정의로운 전환과 양질의 괜찮은 일자리 창출의 긴요함을 고려해야 한다"고 명시하고 있다. 외국의 경우 기후위기에 대응하기 위한 포괄적 정책 패키지인 진보적 '그린 뉴딜Green New Deal'의 핵심 요소로 일자리 보장제가 포함되는 것은 이런 맥락에서라고 할 수 있다. 미국의 경우 2020년 대선에서 일자리 보장제를 주장하는 현대화폐이론Modern Money Theory, MMT 학파 경제학자들이 민주당 캠프의 싱크탱

크로 광범위하게 결합했으며, 한국에서도 2022년 제20대 대선에서 정의당의 심상정 후보가 '전국민 일자리 보장제'를 공약으로 내건 바 있다.

공공시민노동과 일자리 보장제는 그 출발점과 맥락이 상이하지만 유사한 문제의식과 아이디어를 공유하는 측면이 있으며, 활발한 상호 소통과 논의를 통해 전략적으로 결합될 수 있는 가능성도 존재한다. 예컨대 2021년 한국어판이 출간된 《일자리보장》 서문에서 역자 전용복은 다음과 같이 진술하고 있다.

> 소위 4차 산업 혁명 등 노동 절약적 기술 발전이 일자리 수를 줄이고 있다고 말한다. 하지만 '이윤을 낳는 일자리'가 줄어든다는 말이지, 인간사회 일반을 유지하고 풍요롭게 하는 '일거리' 자체가 감소한 적은 없다. 오히려 기술과 생산력이 발달하고 물질적으로 풍요로워질수록, 더 많은 일거리가 생겨난다. 문화·예술 활동과 돌봄서비스가 대표적이다. 시장과 정부는 이 핵심 역할을 방치해왔지만, 협동조합, 사회적기업, 시민단체, NGO 기구, 다양한 봉사 단체 등이 이미 일정 정도 그 역할을 대신하고 있다. 이렇게 이미 존재하는 자발적 시민 활동들을 일자리 보장제 프로그램으로 수용하여 확장하면, 생활임금을 보장하는 안정적 일자

리를 충분히 만들 수 있다.[42]

사회공공연구원이 발간한 연구보고서 《기후위기 시대 공공부문 노동운동의 전략》은 정의로운 전환을 위해 "탈탄소 경제 전환 과정에서 일자리를 잃거나, 일자리를 잃을 위험에 처한 모든 사람들에게 …… 국가 또는 공공부문에 의해서 직접적으로 제공되는" 기후일자리를 제안하고 있는데,[43] 그 이론적 배경에서 공공시민노동을 명시적으로 언급하고 있다.[44] 요컨대 공공시민노동이라는 노동 패러다임은 기후위기라는 시대적 조건에 능동적으로 개입하면서 체제 전환을 모색하는 이행 전략의 일부를 구성할 수 있다. 그리고 권리중심 공공일자리는 단지 장애인만을 위한 정책이 아니라 누구도 배제되지 않는 노동사회의 구축을 위한 첫걸음, '만인을 위한 노동사회의 유니버설 디자인'을 위한 실효적 모델로서 그 의미를 지닐 수 있을 것이다.

미주

1장 | 장애학의 시선: 단상들

1 시몬느 소스, 《시선의 폭력》, 김현아 옮김, 한울림스페셜, 2016, 65~66쪽.
2 김도현, 《장애학의 도전》, 오월의봄, 2019, 74~75쪽.
3 크리스트야냐 크리스티안센·시모 베마스·톰 셰익스피어 엮음, 《철학, 장애를 논하다》, 김도현 옮김, 그린비, 2020.
4 손진주, 〈'장애'라는 유령이 나타났다: 철학, 장애를 논하다〉, 《아트인사이트》, 2020. 1. 30.
5 홍승은, 《두 명의 애인과 삽니다》, 낮은산, 2020, 150쪽.
6 Rosemarie Garland-Thomson, "Feminist disability studies", *Signs: Journal of women in Culture and Society* 30(2), 2005, p. 1570.
7 김도현, 《차별에 저항하라: 한국의 장애인 운동 20년》, 박종철출판사, 2007, 21쪽.
8 John Rawls, "Justice as Fairness: Political not Metaphysical", *Philosophy and Public Affairs* 14(3), 1985, p. 234.
9 기후정의포럼 외, 《기후정의선언 2021》, 한티재, 2021, 7쪽, 56쪽.
10 같은 책, 45쪽.
11 미카엘 뢰비, 《발터 벤야민: 화재경보 –〈역사의 개념에 대하여〉 읽기》, 양창렬 옮김, 난장, 2017, 91쪽.

2장 | '섹스와 젠더' 담론을 통한 '손상과 장애'의 재성찰

1 크리스트야냐 크리스티안센 외 엮음, 《철학, 장애를 논하다》, 김도현 옮김, 5쪽.
2 https://www.facebook.com/peace.n.pride/posts/pfbid02PZQMyv4NDzYm6jGhaGrSNLetkxCLwT1vQqwwLFUk2ubetcj25tEx3kCZ1ntEQhQgl
3 이반 일리치, 《젠더》, 허택 옮김, 사월의책, 2020, 25쪽.
4 김도현, 《당신은 장애를 아는가》, 메이데이, 2007, 36쪽.
5 나영·수수, 〈젠더와 다시 만나기: 구조를 전복하는 인권운동을 위하여〉, 《인권운동》 2, 도서출판 클, 2019, 59쪽.
6 https://www.facebook.com/hjyindy/posts/1525242177625236
7 UPIAS, *Fundamental Principles of Disability*, Union of the Physically Impaired Against Segregation, 1976, p. 14, 강조는 인용자.
8 주디스 버틀러, 《젠더 트러블》, 조현준 옮김, 문학동네, 2008, 99쪽.
9 Shelley Tremain, "On the Subject of Impairment", eds. Mairian Corker and Tom Shakespeare, *Disability/Postmodernity: Embodying Disability Theory*, London: Continuum, 2002, p. 34, 강조는 인용자.
10 Margrit Shildrick and Janet Price, "Breaking the boundaries of the broken body", *Body and Society* 2(4), 1996, pp. 93-113.
11 빌 휴스, 〈장애와 몸〉, 콜린 반스·마이클 올리버·렌 바턴 엮음, 《장애학의 오늘을 말하다》, 김도현 옮김, 그린비, 2017, 106쪽.
12 같은 책, 108쪽, 115쪽.
13 Bill Hughes and Kevin Paterson, "The social model of disability and the disappearing body: towards a sociology of impairment", *Disability and Society* 12(3), 1997, p. 329.
14 빌 휴스, 〈장애와 몸〉, 《장애학의 오늘을 말하다》, 119쪽.
15 김도현, 《장애학의 도전》, 222쪽.
16 김도현, 《장애학 함께 읽기》, 그린비, 2009, 69~70쪽.
17 David Rabin, Clifford Barnett, William Arnold, Robert Freiberger and Gyla Brooks, "Untreated Congenital Hip Disease", *American Journal of Public Health* 55(2), 1965.
18 Rosemarie Garland-Thomson, "Integrating Disabilities, Transforming Feminist Theory", Lennard J. Davis ed., *The Disability*

Studies Reader, Routledge, 2017, p. 370, 강조는 인용자.
19 시모 베마스·페카 메켈레, 〈장애와 손상의 존재론〉, 《철학, 장애를 논하다》, 110~111쪽.
20 같은 글, 같은 책, 101쪽.

3장 | 차별, 장애화, 불안전의 정치: 안전할 권리에 대한 관계론적 성찰

1 홍은전, 〈당신에게 이 사회는 언제나 참사였구나〉, 《한겨레21》 1014, 2014. 6. 9.
2 OHCHR, "COVID-19 and The Rights of Persons with Disabilities: Guidance", 29 April 2020.
3 Adelina Comas-Herrera et al., "Mortality associated with COVID-19 in care homes: international evidence", International Long Term Care Policy Network, 14 October 2020.
4 Catherine Putz and David Ainslie, "Coronavirus (COVID-19) related deaths by disability status, England and Wales: 2 March to 14 July 2020", Office for National Statistics, 18 September 2020.
5 김현지 외, 《2020 장애통계연보》, 한국장애인개발원, 2020, 297쪽.
6 오세진, 〈확진자 중 장애인은 4%인데… 사망자 5명 중 1명이 '장애인'〉, 《서울신문》, 2021. 1. 13.
7 https://www.cdu.edu.au/launchpad/research-impact/there-such-thing-natural-disasters
8 칼 맑스, 〈임금 노동과 자본〉, 《칼 맑스 프리드리히 엥겔스 저작 선집 1》, 최인호 외 옮김, 박종철출판사, 1997, 555쪽.
9 마사 누스바움, 《역량의 창조》, 한상연 옮김, 돌베개, 2015, 86쪽.
10 인권단체연석회의, 《평등해야 안전하다: 중첩된 혐오를 넘어 안전할 권리를 말하기》, 2016. 6. 14.
11 강혜민, 〈강남역 살인사건이 '정신질환자 범죄'라고? 장애인은 화났다〉, 《비마이너》, 2016. 5. 27.
12 강혜민, 〈민변 "조국의 '정신질환자 범죄 대책', 혐오와 차별 조장" 비판〉, 《비마이너》, 2019. 8. 28.
13 민변 소수자인권위원회, 〈조국 후보자의 '범죄를 반복하는 정신질환자'

정책공약에 대한 입장〉, 2019. 8. 28.
14 김도현, 〈지금이야말로 반혐오투쟁의 '연대'가 필요한 때〉, 《창비주간논평》, 2016. 6. 8.
15 랑희, 〈위험한 안전, 불온한 안전〉(세계인권선언 70년, 인권운동더하기 연속토론회① 기초발제문), 2018. 8. 28.
16 칼 맑스, 〈공산주의당 선언〉, 《칼 맑스 프리드리히 엥겔스 저작 선집 1》, 402쪽.
17 최원, 〈세월호 이후의 국가〉, 《황해문화》 91, 2016, 26쪽.
18 니코스 풀란차스, 《국가, 권력, 사회주의》, 박병영 옮김, 백의, 1994, 165쪽.
19 에티엔 발리바르, 《우리, 유럽의 시민들?》, 진태원 옮김, 후마니타스, 2010, 297쪽.
20 https://www.pm.gc.ca/en/news/speeches/2015/11/26/diversity-canadas-strength
21 앨리슨 케이퍼, 《페미니스트, 퀴어, 불구》, 이명훈 옮김, 오월의봄, 2023, 69쪽.
22 같은 책, 85쪽, 용어는 일부 수정.

4장 | 장애학, 장애사, 《장애의 역사》

1 사이먼 재럿, 《백치라 불린 사람들》, 최이현 옮김, 생각이음, 2022, 44쪽.
2 같은 책, 33쪽.
3 김도현, 《장애학의 도전》, 304~306쪽.
4 Sarah F. Rose, *No Right to Be Idle: The Invention of Disability, 1840s-1930s*, The University of North Carolina Press, 2017.
5 Bill Hughes, *A Historical Sociology of Disability: Human Validity and Invalidity from Antiquity to Early Modernity*, Routledge, 2019.
6 베네딕트 앤더슨, 《상상된 공동체》, 서지원 옮김, 도서출판 길, 2018.
7 아자 가트·알렉산더 야콥슨, 《민족: 정치적 종족성과 민족주의, 그 오랜 역사와 깊은 뿌리》, 유나영 옮김, 교유서가, 2020.
8 Christian Krötzl, Katariina Mustakallio and Jenni Kuuliala eds., *Infirmity in antiquity and the middle ages: Social and cultural approaches to health, weakness and care*, Routledge, 2016.
9 미셸 푸코, 《말과 사물》, 이규현 옮김, 민음사, 2012. 525~526쪽

10 킴 닐슨, 《장애의 역사》, 김승섭 옮김, 동아시아, 2020. 이하 이 책에서의 인용은 괄호 안에 쪽수만 표기했다.
11 베네딕테 잉스타·수잔 레이놀즈 휘테, 《우리가 아는 장애는 없다: 장애에 대한 문화인류학적 접근》, 김도현 옮김, 그린비, 2011.
12 임마누엘 칸트, 《실용적 관점에서의 인간학》, 백종현 옮김, 아카넷, 2014, 246~247쪽, 영역본을 참조해 번역 수정.
13 Bill Hughes, *A Historical Sociology of Disability*, pp. 124-125.
14 Ibid., p. 133.
15 Ibid., p. 172.
16 고병권, 〈수익모델로서의 인간 수용소〉, 《철학자와 하녀》, 메디치미디어, 2014, 180쪽.
17 Liat Ben-Moshe, *Decarcerating disability: Deinstitutionalization and prison abolition*, University of Minnesota Press, 2020, chap. 4.
18 Ibid., p. 3.
19 고병권, 〈수익모델로서의 인간 수용소〉, 《철학자와 하녀》, 179~180쪽; Ben-Moshe, *Decarcerating disability*, pp. 11-12.
20 42 U.S.C. §12101(a)(8)-(9) (1994).
21 에이타 야시로 외, 《ADA의 충격》, 송영욱 옮김, 한국장애인연맹출판부, 1993, 11쪽.
22 박고은·박송이·고경민·이충현, 〈'탈시설 성지' 스웨덴에서 찾는 장애인의 미래 ①: 스웨덴 왜 어디서나 장애인 볼 수 있을까〉, 《노컷뉴스》, 2020. 11. 9.

5장 | 장애해방운동의 역사와 향후 과제

1 김도현, 《장애학의 도전》, 304~306쪽.
2 Committee on the Rights of Persons with Disabilities, "General comment No. 5 (2017) on living independently and being included in the community"(CRPD/C/GC/5), 27 October 2017, pp. 4-5.
3 낸시 프레이저, 《낡은 것은 가고 새것은 아직 오지 않은》, 김성준 옮김, 책세상, 2021, 18쪽.
4 주디스 휴먼·크리스틴 조이너, 《나는, 휴먼: 장애 운동가 주디스 휴먼 자서전》, 김채원·문영민 옮김, 사계절, 2022.

6장 | 장애인 개인예산제, 무익하거나 혹은 나쁘거나

1. 대한민국 대통령실 홈페이지, 윤석열정부 2년 국민보고, 2024. 5. 9. https://www.president.go.kr/president/speeches/yu4yLz4t
2. Catherine Needham & Helen Dickinson, "'Any one of us could be among that number': Comparing the Policy Narratives for Individualized Disability Funding in Australia and England", *Social Policy & Administration* 52(3), 2018, p. 734.
3. 문화체육관광부 국민소통실, 〈[전문] 윤석열 제20대 대통령 취임사〉, 《대한민국 정책브리핑》(www.korea.kr), 2022. 5. 10.
4. 밀턴 프리드먼, 《자본주의와 자유》, 심준보·변동열 옮김, 청어람미디어, 2007.
5. 밀턴 프리드먼·로즈 프리드먼, 《선택할 자유》, 민병균·서재명·한홍순 옮김, 자유기업원, 2022.
6. 이한나 외, 《장애인 개인예산제 도입을 위한 1단계 시범사업 기초모델 개발 연구》, 한국보건사회연구원, 2022, 166쪽.
7. 한국장애인복지시설협회, 《제2차 장애인 거주서비스 기능과 구조의 혁신 방안》, 2018, 36쪽.
8. 김현지 외, 《2023 장애통계연보》, 한국장애인개발원, 2023, 367쪽.
9. 존 글래스비·로즈마리 리틀차일드, 《장애인 중심 사회서비스 정책과 실천: 서비스 현금지급과 개인예산》, 김용득·이동석 옮김, 올벼, 2013, 15쪽.
10. 이동석·김용득, 〈영국 서비스 현금지급과 개인예산제도의 쟁점 및 한국의 도입 가능성〉, 《한국장애인복지학》 22, 2013, 52쪽.
11. 김기룡, 〈스웨덴의 장애 정책〉(노들장애학궁리소 차담회 발표 자료), 2017. 11. 23.
12. 같은 자료.
13. Georgia van Toorn, *The new political economy of disability: Transnational networks and individualised funding in the age of neoliberalism*, Routledge, 2021.
14. Ibid., p. 4.
15. 김도현, 《당신은 장애를 아는가》, 181~182쪽.
16. 녹색정치의 시간을 만드는 녹색당원들, 《2024 총선을 어떻게 바라볼 것인가?—기후정치: 시작인가 퇴행인가?》, 2024, 13쪽.

7장 | 노동해방의 '잠정적 유토피아', 기본소득인가 공공시민노동인가?

1 Anne Amnesia, "Unnecessariat", *More Crows Than Eagles*, May 10, 2016(https://morecrows.wordpress.com/2016/05/10/unnecessariat/); Adam Greenfield, *Radical technologies: The design of everyday life*, London: Verso Books, 2017, chap. 6.
2 지그문트 바우만, 《쓰레기가 되는 삶들》, 정일준 옮김, 새물결, 2008.
3 김정희원, 〈공정성 담론이 놓치는 것… 비교 불가능한 정의의 영역〉, 《프레시안》, 2020. 6. 8.
4 안토니오 그람시, 《그람시의 옥중수고 1》, 이상훈 옮김, 거름, 1999, 373쪽.
5 고병권, 《거인으로 일하고 난쟁이로 지불받다》, 천년의상상, 2019, 230쪽.
6 블라디미르 일리치 레닌, 《국가와 혁명》, 문성원·안규남 옮김, 돌베개, 2015.
7 이진경, 《미-래의 맑스주의》, 그린비, 2006, 53~76쪽.
8 Sunny Taylor, "The Right Not to Work: Power and Disability", *Monthly Review* 55(10), 2004.
9 만프레트 륄사크, 《노동 Arbeit(유럽 정신사의 기본 개념 3)》, 윤도현 옮김, 이론과실천, 2014, 12쪽.
10 베르너 콘체, 《코젤렉의 개념사 사전10: 노동과 노동자》, 이진모 옮김, 푸른역사, 2014, 24쪽.
11 Arthur T. Geoghegan, *The Attitude towards Labor in Early Christianity and Ancient Culture*, Catholic University of America Press, 1945; Herbert Applebaum, *The Concept of Work: Ancient, Medieval, and Modern*, State University of New York Press, 1992(김경일, 《노동(한국개념사총서 9)》, 소화, 2014, 37~40쪽에서 재인용).
12 김경일, 《노동(한국개념사총서 9)》, 174~175쪽.
13 같은 책, 17쪽.
14 앙드레 고르, 《프롤레타리아여 안녕: 사회주의를 넘어》, 이현웅 옮김, 생각의나무, 2011.
15 낸시 프레이저·악셀 호네트, 《분배냐, 인정이냐?: 정치철학적 논쟁》, 김원식·문성훈 옮김, 사월의책, 2014, 143쪽.
16 정정훈, 〈장애화로서 역량박탈과 장애운동의 역량정치〉, 《역량으로서의 장애》(장애인 권리예산 투쟁에 연대하는 마포-신촌 학술단체모임

학술토론회 자료집), 2023. 4. 15. 15~16쪽.

17 에릭 브린욜프슨·앤드루 맥아피,《제2의 기계 시대: 인간과 기계의 공생이 시작된다》, 이한음 옮김, 청림출판, 2014; 마틴 포드,《로봇의 부상: 인공지능의 진화와 미래의 실직 위협》, 이창희 옮김, 세종서적, 2016; 이노우에 도모히로,《2030 고용절벽 시대가 온다: 4차 산업 혁명은 일자리를 어떻게 변화시킬까?》, 김정환 옮김, 다온북스, 2017;《모두를 위한 분배: AI 시대의 기본소득》, 김소운 옮김, 여문책, 2019.

18 김도현,〈만인을 위한 노동사회의 유니버설 디자인: 공공시민노동 체제에 대한 정치철학적 고찰과 중증장애인 공공고용제〉,《중증장애인 인턴제 및 공공고용제 도입 토론회》, 중증장애인 노동권 쟁취를 위한 공동대책위원회, 2014. 4. 11.

19 울리히 벡,《아름답고 새로운 노동세계》, 홍윤기 옮김, 생각의나무, 1999.

20 칼 폴라니,《거대한 전환》, 홍기빈 옮김, 도서출판 길, 2009, 243~244쪽.

21 L. 랜덜 레이,《균형재정론은 틀렸다: 화폐의 비밀과 현대화폐이론》, 홍기빈 옮김, 책담, 2017, 447~448쪽.

8장 | 기후위기와 장애

1 〈극한 폭염… 온난화 넘어 뉴노멀이 된 지구 열대화〉,《중앙일보》, 2023. 7. 31; 윤수은,〈"지구는 지금 온난화 넘어 끓고 있다" UN의 경고〉,《이코리아》, 2023. 8. 9.

2 김정우,〈5월 세계 평균기온, 또 '역대 최고'… "12개월 연속 '가장 더운' 달"〉,《한국일보》, 2024. 6. 6.; 관계부처합동,《2024년 이상기후 보고서》, 2025, 38쪽.

3 이송희일,《기후위기 시대에 춤을 추어라》, 삼인, 2024, 94쪽.

4 같은 책, 52~53쪽.

5 제프 구델,《폭염 살인》, 왕수민 옮김, 웅진지식하우스, 2024, 47쪽.

6 Nick Watts et al. "The 2020 report of The Lancet Countdown on health and climate change: responding to converging crises", *The lancet* 397, 2021, p. 137.

7 이송희일,《기후위기 시대에 춤을 추어라》, 54쪽.

8 박하얀,〈반지하 발달장애인 가족의 비극… 재난 불평등, 취약층부터

덮쳤다〉,《경향신문》, 2022. 8. 9; 김성욱, 〈반지하 발달장애인 사망 또 있었다… "고양이는 살았는데"〉,《오마이뉴스》, 2022. 8. 11.

9 Human Rights Council, "Human rights and climate change"(A/HRC/Res/41/21), 12 July 2019, p. 2.

10 Alina Engelman, Leyla Craig & Alastair Iles, "Global Disability Justice In Climate Disasters: Mobilizing People With Disabilities As Change Agents", *Health Affairs* 41(10), 2022, p. 1499.

11 Jinah Park et al., "Association between heat and hospital admissions in people with disabilities in South Korea: a nationwide, case-crossover study", *The Lancet Planetary Health* 8(4), 2024, pp. e217-e224; Jinah Park et al., "Heat and hospital admission via the emergency department for people with intellectual disability, autism, and mental disorders in South Korea: a nationwide, time-stratified, case-crossover study", *The Lancet Psychiatry* 11(5), 2024, pp. 359-367.

12 Abderrezak Bouchama et al., "Prognostic factors in heat wave-related deaths: a meta-analysis", *Archives of Internal Medicine* 167(20), 2007, p. 2172.

13 Adrein A. Weibgen, "The Right to be Rescued: Disability Justice in an Age of Disaster", *The Yale Law Journal* 124(7), 2015, p. 2408.

14 UN Economic and Social Commission for Asia and the Pacific, *Disability in Asia and the Pacific: The Facts*, 2016, p. 5.

15 UN Office for Disaster Risk Reduction(formerly UNISDR), *Living with Disability and Disasters: UNISDR 2013 Survey on Living with Disabilities and Disasters—Key Findings*, 2014, p. 2.

16 김유민, 〈"대유행 시간 문제"… '사망률 50%' 조류인플루엔자 경고〉,《서울신문》, 2024. 6. 17.

17 Internal Displacement Monitoring Centre, *Global Report on Internal Displacement(GRID) 2018*, May 2018, p. 7.

18 Oli Brown, *Migration and Climate Change*, International Organization for Migration, 2008, p. 11.

19 Comm. Rts. of Persons with Disabilities, "Concluding observations on the initial report of Guatemala"(CRPD/C/GTM/CO/1), 30

September 2016, p. 5; Committee on the Rights of Persons with Disabilities, "Concluding observations on the initial report of Honduras"(CRPD/C/HND/CO/1), 4 May 2017, p. 4.
20 Comm. Rts. of Persons with Disabilities, "Concluding observations on the initial report of Panama"(CRPD/C/PAN/CO/1), 29 September 2017, p. 4.
21 Comm. Rts. of Persons with Disabilities, "Concluding observations on the initial report of Colombia"(CRPD/C/COL/CO/1), 30 September 2016, p. 5; Committee on the Rights of Persons with Disabilities, "Concluding observations on the initial report of the Plurinational State of Bolivia"(CRPD/C/BOL/CO/1), 4 November 2016, p. 4.
22 Comm. Rts. of Persons with Disabilities, "Concluding observations on the initial report of Seychelles"(CRPD/C/SYC/CO/1), 16 April 2018, p. 5.
23 Comm. Rts. of Persons with Disabilities, "Concluding observations on the combined second and third periodic reports of Australia"(CRPD/C/AUS/CO/2-3), 15 October 2019, p. 6.
24 General Assembly, "Transforming our world: the 2030 Agenda for Sustainable Development"(A/RES/70/1), 21 October 2015, p. 14.
25 Ibid., p. 6, 17, 21, 27, 32.
26 Ibid., p. 7, 17, 19, 21.
27 Ibid., p. 1, 3, 7, 12, 31.
28 General Assembly, "Sendai Framework for Disaster Risk Reduction 2015-2030"(A/Res/69/283), 23 June 2015, p. 19.
29 Ibid., p. 16.
30 Committee on the Rights of the Child, "Decision adopted by the Committee under the Optional Protocol to the Convention on the Rights of the Child on a communications procedure, concerning communication No. 104/2019"(CRC/C/88/D/104/2019), 11 Nov. 2021, pp. 12-13.
31 Penelope J. S. Stein & Michael Ashley Stein, "Disability, human rights, and climate justice", *Human Rights Quarterly* 44(1), 2022, pp.

104-105

32 Ibid., p. 105.
33 Clare Pledl, "Eco-ableism in the environmental justice movement", *Vermont Journal of Environmental Law* 23(1), 2021, pp. 1-27.
34 U.S. Global Change Research Program, *The Fourth National Climate Assessment(Volum II): Impacts, Risks, and Adaptation in the United States*, 2018; Molly M. King & Maria A. Gregg, "Disability and climate change: A critical realist model of climate justice", *Sociology Compass* 16(1), 2022, p. 8.
35 Human Rights Council, "Human rights and climate change"(A/HRC/Res/41/21), 12 July 2019, p. 3.
36 Committee on the Elimination of Discrimination Against Women, Committee on Economic, Social and Cultural Rights, Committee on the Protection of the Rights of All Migrant Workers and Members of their Families, Committee on the Rights of the Child, and Committee on the Rights of Persons with Disabilities, "Joint Statement on "Human Rights and Climate Change"", 16 September 2019.
37 King & Gregg, "Disability and climate change", p. 6.
38 패티 번, 〈기후 재난에서 살아남으려면, 퀴어와 장애인을 보라〉, 앨리스 윙 엮음, 《급진적으로 존재하기》, 박우진 옮김, 가망서사, 2023, 340쪽.
39 레아 락시미 피에프즈나-사마라시냐, 〈아직도 야생의 꿈, 세상의 끝에서 장애 정의를 꿈꾸다〉, 《급진적으로 존재하기》, 368쪽.
40 Engelman, Craig & Iles, "Global Disability Justice In Climate Disasters", p. 1500.
41 유환구, 〈석탄과 함께 일자리 2만~3만 개 사라진다… 곧 닥칠 '일자리 쓰나미'〉, 《한국일보》, 2022. 2. 10.
42 파블리나 R. 체르네바, 《일자리보장》, 전용복 옮김, 진인진, 2021, 14~15쪽.
43 구준모·김상현·김선철·류승민·홍덕화, 《기후위기 시대 공공부문 노동운동의 전략》, 사회공공연구원, 2021, 269쪽.
44 같은 책, 259~261쪽.

찾아보기

키워드

감산복합체 113
개별유연화 153~155
개별화된 자금제공 155
개인예산제 8, 142~146, 148~155, 157, 226, 227
거주시설 45, 72, 73, 127, 132, 135, 150
공공부문 143, 148, 220, 232
공공시민노동 9, 127, 133, 163, 164, 171, 173~175, 177~179, 181~183, 187~192, 217, 219, 220, 228
공사자共事者 30
공정(성) 38~40, 227
관개체성/관개체적 75

관계론 30~32, 75
교차성 107, 214
〈교통약자의 이동편의 증진법〉 123
구빈원 129, 130
국가 온실가스 감축 목표 44, 210
권리중심 중증장애인 맞춤형 공공일자리(권리중심 공공일자리) 33, 128, 133, 134, 171, 174, 178, 180, 181, 217, 220
긍정 전략 170, 174
기본소득(제) 9, 146, 163, 164, 170, 172, 182~191, 228
기후변화 195, 196, 198, 199, 201, 204~208, 211~214
기후위기 8, 43~45, 198, 211~214, 217, 218, 220, 229, 232

기후위기 최일선 당사자 45, 200, 214
기후재난 199, 203, 205
기후정의(운동) 10, 44~46, 206, 221
기후행동 207, 211

ㄴ

노동권 109, 110, 120, 124, 127, 130, 134, 141, 161, 164, 173, 189, 228
노동능력자 130
노동사회 128, 129, 134, 182, 220, 228
노동시장 132, 173, 177, 185, 192
노동하지 않을 권리 163, 164, 170
노동해방 9, 117, 164, 168, 169, 170
노들장애인야학(노들야학) 6, 19, 47, 88, 178, 186
능력주의 39, 40, 103
님비 120, 133, 134

ㄷ

당사자 30~32, 45, 154, 200, 214
당파성 30, 32
대중투쟁 8, 85, 118~120, 122, 123, 133, 134, 137
대표불능 83

ㅁ

마르크스주의 84, 86, 164, 169, 227
문화적 장애 모델 97

〈미국장애인법〉 108, 113, 134, 136
민권운동 108, 135
민영화 112, 113, 147

ㅂ

발달장애(인) 33, 111, 122, 133, 148, 150, 152, 153, 181, 200, 203, 229
배제 8, 32, 39, 56, 81, 96, 103, 110, 129, 130, 161, 171, 203, 211, 214, 215
범주 23, 41, 42, 54, 95~97, 104, 109, 129, 130, 172
변혁/변환 24, 43~45, 86, 87, 100, 114, 118, 120, 131, 137, 230, 170, 174
변혁 전략 174
병리화 42
부양의무제 71, 125, 126, 133
부정의 81, 83, 170, 211
분리에 저항하는 신체장애인 연합 55
불안전 78
불안정 노동 계층 161, 184, 185, 187, 188
불인정 노동자/불인정 노동 계층 96, 181, 184, 185, 187, 188
불평등 77, 81, 85, 183, 184, 187, 189, 213, 229
비개혁주의적 개혁 169, 170, 174, 178, 183, 189~192
비장애중심주의(에이블리즘) 39, 103, 105, 107, 108, 110, 132,

211
빈곤사회연대 124, 125

ㅅ

420장애인차별철폐투쟁/
  420장애인차별철폐공동투쟁단
  89, 124, 125, 128, 174
사회서비스 112, 133, 141, 142, 144,
  147~150, 226
사회적 구성주의 56, 58, 59, 61
사회적 생성주의 59
사회적 (장애) 모델 52, 55~61, 95,
  99, 133
산업혁명 161, 162
상호의존(성) 46, 214
생명권력 98
서비스 현금지급제 142, 147, 150,
  152, 227
선주민 209, 210, 212, 213
성소수자 20, 23, 36, 37, 90, 117
세력화 77, 83, 85
섹스 8, 52~57, 59~61, 63~65
센다이 프레임워크 208, 209
소비자주의 145
소수자 20, 31, 32, 37, 40, 80, 85,
  105, 107, 108, 143
시간성 89, 90
시민권 104, 106, 135, 164, 171, 182
시민노동 174, 175
시선視線 8, 10, 19~21, 99, 221
시설사회 128, 129, 131, 134
신사회운동 108, 134, 136

신자유주의 8, 89, 110, 112, 113,
  133, 136, 141, 143, 144, 154,
  155, 157, 171, 184
싯포인트 35

ㅇ

IMF 35, 118, 136
안전 8, 74, 77~84, 86, 90, 203, 206,
  223, 224
어댑트ADAPT 135
언네서세리아트 161~163
NGO화 156, 157
역사유물론 51, 75, 97
온난화 195, 196, 210, 229
올림터 118, 120
원초적 사실 62, 63
위험(성) 31, 48, 64, 69, 72~79, 90,
  162, 197, 202, 204, 206~208,
  210, 213, 216, 217, 220, 224
위험사회 174
유사시장 142, 147
유엔 장애인권리위원회 131, 207,
  211, 213
을乙 81~83
의료적 (장애) 모델 58
이데올로기 44, 76, 83, 155, 176
이동권 6, 20, 33, 47, 69, 110, 118,
  119, 121~123, 133, 135, 141,
  203
이원론 56~58, 64
인간중심주의 32, 64
인격(체) 39, 42, 73, 82, 83

인발리두스 98
인종주의 112
인피르미타스 98
일자리 보장제 177, 178, 218, 219

ㅈ

자기결정권 77, 113
자기주도 지원 154, 155
자립생활(운동) 33, 74, 111, 114,
　　122, 123, 127, 131, 133, 204
자본주의 44, 81, 96, 97, 99,
　　129~132, 144, 163, 165,
　　171~176, 178, 179, 181, 190,
　　191, 226
자유주의 39, 75, 76, 135, 136, 143,
　　169
잔질(자) 99
잠정적 유토피아 169
장애등급(제) 62, 70, 71, 125, 126,
　　133, 154
장애사 8, 95, 97
〈장애인고용촉진 등에 관한
　　법률〉(장애인고용촉진법) 120,
　　133
〈장애인권리협약〉 206
장애인운동 6, 7, 10, 33, 36, 41, 47,
　　76, 90, 111, 117~120, 122, 126,
　　128, 130, 132~136, 157, 162,
　　171, 174, 208, 217
장애인운동청년연합회(장청) 118
장애인이동권쟁취를위한연대회의
　　(장애인이동권연대) 118, 122,
　　123, 135
〈장애인차별금지 및 권리구제 등에
　　관한 법률〉(장애인차별금지법)
　　37, 41, 122, 123, 133, 134
장애정의 214, 216
장애차별주의 103
장애해방(운동) 8, 42, 46, 48, 109,
　　117, 119, 128, 129, 132, 137
장애화 77, 106, 228
재분배 187~189, 191
〈재활법〉 108
전국장애인부모연대 123
전국장애인차별철폐연대(전장연) 19,
　　22, 39, 87, 118, 125, 127, 128,
　　137, 173, 180, 181
전국장애인한가족협회(전장협) 47,
　　118, 120, 122
전국장해자해방운동연락회의 136
전국지체부자유대학생연합회
　　(전지대련) 120
정의로운 전환 217, 218, 220
정신장애(인) 22, 23, 25, 41, 79, 80,
　　82, 104, 111, 133, 181, 202
정체성 6, 41, 53, 58, 61, 88, 96, 107,
　　135, 137, 167
정치체 97, 100
제도적 사실 62, 95
젠더 8, 51~57, 59~61, 77, 85,
　　104~106, 213, 222
지속가능한 발전 목표 207, 208
지역사회 25, 26, 78, 111, 113, 114,
　　131, 149, 150, 181, 215
지적장애(인) 93~95, 105, 202, 217

질병권 41, 42

ㅊ

차별금지법 35, 37, 38, 40, 41
참사 8, 69, 70, 73~75, 78, 200, 201, 223
참여적 (부)정의 8, 211, 214
최저생계비 124, 186, 191
최저임금 177, 186~188, 191
추출주의 196
출분증 104

ㅋ

코로나19 7, 24~26, 72, 73, 204, 205, 215, 217
코옵션 155~157
코호트 24~26
퀴어 36~38, 53, 56, 89, 90, 214, 215, 224, 232
크립 89
킬링 곡선 197, 198

ㅌ

탈성장 45
탄소중립 44~46, 218
탈시설(사회) 26, 45, 46, 78, 109, 111~114, 127, 128, 132~135, 141, 149, 151, 154, 181, 225
탈시설장애인당 33~35
탈노동(사회) 164, 170, 171, 174

〈특정 장애인에 대한 지원 및 서비스법LSS〉 152

ㅍ

〈파리협정〉 196, 212, 218
페미니즘 31, 42, 51~54, 56, 60
편견 27, 28 65
폐질 99
폭염 45, 198~202, 229
폴리아모리(스트) 27, 28
푸른잔디회 136, 137
프레카리아트 161
필라델피아 선언 175

ㅎ

한국장애인자립생활센터협의회 123
한국DPI 122
허구 상품 175
헤게모니 40, 136, 143
현금지급제 142, 144, 145~147, 150~153, 227
혐오 20~24, 36, 38, 78, 105, 223, 224
홈리스 20, 82, 111, 112, 216
활동지원서비스 47, 71, 122, 123, 125, 133, 142, 148, 150, 152, 153
〈활동지원수당법LASS〉 152

인명

ㄱ

가트, 아자Azar Gat 97, 225
갈런드 톰슨, 로즈메리Rosemarie
   Garland Thomson 60, 221, 223
게이건, 아서 T.Arthur T. Geoghegan
   166, 228
고르, 앙드레André Gorz 169, 228
고마쓰 리켄小松理虔 30
고병권 163, 225, 227
구테흐스, 안토니우Antonio Guterres
   195
그람시, 안토니오Antonio Gramsci 162,
   227
김순석 46, 121
김정희원 162, 227
김주영 70, 126

ㄴ

나영 54, 57, 222
누스바움, 마사Martha Nussbaum 76,
   223
니덤, 캐서린Catherine Needham 143,
   144, 226
닐슨, 킴Kim E. Nielsen 103, 225

ㄷ

더글러스, 프레더릭Frederick Douglass
   107

디킨슨, 헬렌Helen Dickinson 143, 144,
   226

ㄹ

라빈, 데이비드David Rabin 60, 222
라츠카, 아돌프Adolf Ratzka 114
랑시에르, 자크Jacques Ranciere 34, 80
량치차오梁啓超 167
레닌, 블라디미르 일리치Vladimir Ilich
   Lenin 85, 164, 227
레드필드, 로버트Robert Redfield 204
레이, L. 랜덜L. Randall Wray 177, 178,
   229
로즈, 세라 F.Sarah F. Rose 96, 224
로크, 존John Locke 168
롤스, 존John Rawls 39, 221

ㅁ

마르크스, 카를Marx, Karl 51, 75, 84,
   168
맥아피, 앤드루Andrew McAfee 172,
   228
메켈레, 페카Pekka Mäkelä 61~63, 223
무어 주니어, 리로이 F.Leroy F. Moore Jr.
   214
묵자墨子 167
밀번, 스테이시 박Stacey Park
   Mibern(박지혜) 214
밍거스, 미아Mia Mingus 214

ㅂ

박경석 19
박기연 46, 47
박지우·박지훈 126
박진아 202
박차민정 53
박홍수 46, 47
반 투른, 조지아Georgia van Toorn 155, 157, 227
발리바르, 에티엔Étienne Balibar 75, 86, 176, 224
버틀러, 주디스Judith Butler 56, 57, 59, 222
번, 패티Patty Berne 214, 215, 232
베마스, 시모Simo Vehmas 61~63, 221, 223
벡, 울리히Ulrich Beck 174, 180, 228
벤-모셰, 리아트Liat Ben-Moshe 112, 225
변희수 23, 36
부시, 조지George H. W. Bush 113
부차마, 압데레자크Abderrezak Bouchama 202, 230
브린욜프슨, 에릭Erik Brynjolfsson 172, 228
비그포르스, 에른스트Ernst Wigforss 169

ㅅ

사도 바울Saint Paul 165
설, 존John Searle 62

손희정 52, 53, 55, 61, 63
송국현 70, 71
슈타이너, 구스티Gusti Steiner 135
실드리크, 마그리트Margrit Shildrick 57, 222
심상정 219

ㅇ

아감벤, 조르조Giorgio Agamben 8, 98, 99
아렌트, 한나Hannah Arendt 179
아우구스티누스Aurelius Augustinus 166
아이작, 벤저민Benjamin Isaac 107
애플바움, 허버트Herbert Applebaum 167, 228
앤더슨, 베네딕트Benedict Anderson 97, 225
야콥슨, 알렉산더Alexander Yakobson 97, 225
오바마, 버락Barack Obama 135, 136
오지석 70, 71, 126
우동민 46, 47
윤석열 8, 141, 144, 148, 149, 226
이노우에 도모히로井上智洋 172, 228
이덕인 46, 121, 122
이리가레, 뤼스Luce Irigaray 54, 55
이재웅 172
이해찬 22
일리치, 이반Ivan Illich 52, 222

ㅈ

자베스, 에드몽Edmond Jabès 21
재럿, 사이먼Simon Jarrett 94, 224
전용복 219, 232
정태수 46, 47

ㅊ

최옥란 46, 47, 124
최정환 46, 121, 122

ㅋ

카트라이트, 새뮤얼Samuel Cartwright 104
칸트, 임마누엘Immanuel Kant 105, 225
케이퍼, 앨리슨Alison Kafer 89, 224
코르프 소스, 시몬느Simone Korff Sausse 21, 221
클레어, 일라이Eli Clare 214
클린턴, 빌Bill Clinton 135, 136
킬링, 찰스 데이비드Charles David Keeling 197

ㅌ

툰베리, 그레타Greta Thunberg 209
트리메인, 셸리Shelley Tremain 57, 222

ㅍ

파슨스, 탤컷Talcott Parsons 42

포드, 마틴Martin Ford 172, 228
폴라니, 칼Karl polanyi 175, 176, 228
푸코, 미셸Michel Foucault 8, 57, 98, 225
풀란차스, 니코스Nicos Poulantzas 85, 224
프라이스, 재닛Janet Price 57, 222
프레이저, 낸시Nancy Fraser 83, 135, 170, 174, 226, 227
프리드먼, 밀턴Milton Friedman 144, 226
플리니우스Gaius Plinius Secundus 106

ㅎ

홍승은 27~29, 221
황주영 55, 61, 63
휴먼, 주디스Judith Heumann 136, 226
휴스, 빌Bill Hughes 57, 58, 97~99, 107, 222, 224, 225

장애학의 시선

초판 1쇄 펴낸날	2025년 9월 17일
지은이	김도현
펴낸이	박재영
편집	임세현·이다연
마케팅	신연경
디자인	조하늘
제작	제이오
펴낸곳	도서출판 오월의봄
주소	경기도 파주시 회동길 513 203호
등록	제406-2010-000111호
전화	070-7704-2131
팩스	0505-300-0518
이메일	maybook05@naver.com
X(트위터)	@oohbom
블로그	blog.naver.com/maybook05
페이스북	facebook.com/maybook05
인스타그램	instagram.com/maybooks_05
ISBN	979-11-6873-160-8 03300

이 책은 저작권법에 따라 보호받는 저작물이므로 무단전재와 복제를 금합니다.
이 책 내용의 전부 또는 일부를 이용하려면 반드시 저작권자와 도서출판 오월의봄에 서면 동의를 받아야 합니다.

책값은 뒤표지에 있습니다. 잘못된 책은 바꾸어 드립니다.

이 도서는 2025년 문화체육관광부의 '중소출판사 도약부문 제작지원' 사업의 지원을 받아 제작되었습니다.

만든 사람들
책임편집	임세현
디자인	조하늘